KB113195

무엇이 내 삶을 결정하는가

무엇이 내 삶을 결정하는가

초판 1쇄 인쇄 2019년 8월 15일
초판 1쇄 발행 2019년 8월 20일

지은이 이현우
펴낸이 이태선
펴낸곳 창작시대사

등록번호 제2-1150호(1991년 4월 9일)
주소 경기도 고양시 덕양구 행주로 83번길 51-11(행주내동)
전화 031-978-5355 **팩스** 031-973-5385
이메일 changzak@naver.com

ISBN 978-89-7447-219-1 03190

이 을 정 가
엇 삶 는
무 내 결 하

이현우 지음

창작시대

목차

제1장 자아를 보는 지혜

제2장 소중한 시간, 소중한 나

제3장 삶을 여는 소중한 지혜

제4장 자유로운 삶의 선택

제5장 작은 세상 크게 사는 지혜

제6장 지혜로 읽어야 할 세상

제7장 세상을 바로 보는 또 하나의 지혜

제1장
자아를 보는 지혜

> "
>
> 나를 볼 줄 알 때 세상 사는 눈도 트이게 된다. 나를 봄으로써 참 나를 발견할 수 있고 나를 발견함으로서 내 삶의 가치를 발견할 수 있고 가치를 발견함으로써 옳은 길을 찾을 수 있고 옳은 길을 찾음으로써 옳은 삶을 살아갈 수 있는 것이다.
>
> "

인생에는
마침표가 없다

● ● ●

마침표(.)는 인생의 끝이요 죽음이다. 따라서 세상이 무너지는 시련이 닥쳐와도 마침표만은 찍지 말아야 하고, 그래도 견딜 수 없거든 마침표 대신 쉼표(,)를 찍어 두어야 한다. 대상(大賞)은 언제나 마지막에 발표되듯이 인생의 꽃은 가장 오래 견딘 자에게서 핀다.

이름 석자를 말하면 삼척동자도 알 만큼 유명한 사람이 회고록을 펴냈다. 그 책은 그의 인기만큼이나 많이 팔려나갔다. 많은 사람들은 그의 화려한 인생에 대하여 부러워하고 있었고, 또 그러한 그의 뒷얘기가 궁금하였기에 관심거리가 되었던 것이다.

이러한 독자들의 관심과는 달리 그 책의 서두는 독자들의 생각을 180도 뒤바꿔 놓은 글로부터 시작되었다.

"세상 모든 사람들은 나의 화려한 면만을 볼 뿐 나의 암울했던 면은 보지 못한다. 마치 내가 좋은 환경에서 성장하였기 때문에 이만한 사람이 된 것인 양 생각한다. 그러나 인생의 끝(죽음)을 나보다 많이 생각해본 사람은 없을 것이라고 생각한다. 수많은 고통과 좌절, 실패 속에서 나는 언제나 인생의 끝을 생각했다. 그렇지만 나는 끝이 보일 때마다 마침표 대신 쉼표(,)를 찍어 두었고, 마침표는 어떠한 경우에도 찍지 않겠다는 각오로 생활했다. 내가 오늘날 존재하게 된 것은 바로 마침표 대신 쉼표를 찍어 두었기 때문이라고 생각한다."

이러한 글로부터 시작한 그의 책에는 화려한 얘기 대신에 그의 처절했던 인생 이야기가 실려 있었고, 그로인해 그의 화려한 면만을 보아왔던 세상 사람들은 그를 다시 한번 이해하는 계기가 되었다.

◇◆◇

인생에는 끝이란 없다. 생명이 끊기지 않는 한 우리의 삶은 계속 된다. 끝을 생각게 하는 수많은 시련들이 우리를 엄습하는 것은 그것에서 벗어나 새로운 출발을 하라는 채찍질일 뿐이다.

쉼표는 있으되 마침표가 없는 것이 우리의 인생이다. 따라서 인생의 끝이 보이면 마침표를 찍어서 극복하려고 하기에 앞서 쉼표를 찍어서 극복해야 한다. 마침표는 인생의 끝이지만 쉼표는 인생의 새로운 출발을 위한 출발점이고, 마침표를 찍지 않으면 희망이 남아있지만, 마침표를 찍어 버리면 희망은 달아나 버리고 만다.

스스로의 인생에 스스로가 마침표를 찍지 말아야 한다. 내 삶에 대한 파산선고는 시련 자체가 아니라 스스로가 찍는 마침표에 의해서 내려진다. 물길을 가로막지 않는 한 끊임없이 흐르듯, 우리의 인생은 스스로 마침표를 찍지 않는 한 끊임없이 이어진다.

감동과 흐뭇한 미소를 지을수 있는 행복한 말

지난날 우리에게는 깜박이는 불빛이 있었고,
오늘날 우리에게는 타오르는 불빛이 있다.
그리고 미래에는 온 땅 위와 바다 위를
비추는 불빛이 있을 것이다. <처칠>

변한다는 이치를 받아들이면
집착할 것이 없음을 알게 된다

● ● ●

삶을 억지로 살려고 하지 마라. 세상에는 발버둥쳐서 되는 일도 있지만 아무리 발버둥쳐도 소용없는 일이 있다. 소용없는 일에 발버둥치면 오히려 그것이 자신을 구속하는 원인이 되고, 삶을 고되게 만드는 원인이 된다.

개미가 아들을 데리고 산책하다가 자신의 몸보다 몇 배나 큰 고기 덩어리를 발견했다. 개미는 눈이 번쩍 뜨여 고기 덩어리를 자신의 집으로 가져가기 위해서 아들과 함께 끌기 시작했다. 하지만 고기 덩어리는 움직일 기미조차 보이지 않았다.

하루종일 아들과 함께 끙끙 앓면서 노력을 해 보았으나 헛수고였다. 개미는 지칠대로 지쳐서 바닥에 털썩 주저앉고 말았다. 바닥에 주저앉아서 눈을 감고 생각하던 개미가 한참 후에 일어나서는 아들한테 집으로 돌아가자고 했다.

그러자 아들이 물었다.

"아버지, 이 고기 덩어리를 그냥 두고 가시려고요?"

아버지가 대답했다.

"끙끙 앓면서 고깃국을 먹느니 돌아가서 마음 편하게 나물국을 먹고 살자."

◇ ◆ ◇

가려고 하면 가도록 놓아 주라. 다시 돌아올 때도 있지 않겠는가? 눈물이 나려고 하면 나오게 내버려 두라. 다 나와 눈물샘이 말라 버리면 멈추지 않겠는가? 아픔이 밀려오거든 밀려오게 내버려두라. 그 아픔이 생명까지야 빼앗아 가겠는가? 잘못된 자신의 신세를 비관하지 마라. 못되면 지금보다 더 못되겠는가?

고통에서 벗어나기 위해서는 집착하고 있는 것으로부터 자유로워야 한다. 고통의 올가미에 걸려드는 것은, 가려는 것을 억지로 잡으려 하고, 나오는 눈물을 억지로 참으려 하고, 아픔을 피하기 위해서 요리조리 꽁무니를 빼고, 더 잘되기 위해서 끙끙 앓기 때문이다.

가진 것이 남보다 못하다고 해서 스스로를 질책해서는 안 된다. 그러한 질책은 삶에 고통만을 더할 뿐이다. 나물국 대신 고깃국을 먹으려고 입맛을 다시고, 버스 대신 택시를 타려고 기웃거리기 때문에 자신의 삶에 불만이 생기는 것이지, 고깃국 대신 나물국 먹고, 택시 대신 버스 타는 것으로 만족하게 되면 불만은 사라지고 마음은 언제나 부자가 된다. 그리고 텅 비어서 더 비울 것이 없는 마음에는 오히려 평온함이 깃든다.

감동과 흐뭇한 미소를 지을 수 있는 행복한 말

많은 욕구를 가질수록 많은 것에 예속되고,
점점 더 자신의 자유를 막아 버린다.
완전한 자유는 아무것도 바라지 않을 때 가질 수 있고,
욕구를 적게 가지면 자유도 그만큼 커진다. <조로아스터>

욕심이 잉태하면 죄를 낳고,
그것이 자라 장성하면 죽음에 이른다

● ● ●

손을 반듯하게 펴면 세상 모든 것을 감쌀 수 있으나, 어느 하나에 집착하여 손을 오므리면 터럭만한 것만 잡힐 뿐이다. 따라서 욕심을 부리면 내 손아귀에 있는 것만 내 것이지만, 욕심을 버리면 세상에 있는 모든 것이 내 것이 된다.

저장해 주었던 양식으로 겨울을 아무런 탈없이 보낸 욕심쟁이 다람쥐가 봄이 되자 겨울에 먹을 양식을 다시 저장하기 시작했다. 그는 어찌나 욕심이 많던지 먹을 수 있는 것이라면 맛있는 것이나 맛없는 것이나 가리지 않고 창고 속에 저장하였다. 그리하여 양식 저장창고는 가을이 되기도 전에 가득차 버렸다.

가을이 되자 밤, 호도, 잣 등 맛있고 영양가 있는 양식들이 풍성하게 쏟아졌다. 욕심 많은 그가 이 좋은 양식들을 그냥 내버려 둘리가 없었다. 더 이상 저장할 창고가 없다는 것을 뻔히 알면서도 그는 하루종일 열심히 모아서 창고 앞에 착착 쌓아 두었다.

가을이 지나고 겨울이 되어 먹이를 더 이상 구할 수 없게 되자, 그는 창고 앞에 쌓아 두었던 양식부터 먹기 시작했다. 그런데 며칠 먹지도 않고서 창고 앞에 쌓아 두었던 양식이 동이 나버렸다. 알고 보니 토끼, 쥐, 족제비 등의 동물들이 모두 훔쳐갔기 때문이었다. 맛있는 양식을 다른 동물들한테 모두 도둑맞은 그는 맛없는 양식을 먹으며 겨울을 나야 했다.

◇◆◇

우리 모두는 마음의 그릇을 가지고 있다. 이 그릇에 자신에게 유익한 것이 나타났을 때 재빨리 담아 두기 위해서는 되도록 많이 비워 놓고 기다려야 한다. 그렇지 않고 이것저것 쓸데 없는 잡동사니로 채워 놓으면, 큰 것은커녕 작은 것조차도 넣을 수 있는 공간이 없어져 버려 진정으로 가치있는 것이 나타나더라도 버려야만 하는 일이 생긴다.

마음의 그릇조차도 물욕으로 채우기 위해 욕심의 고삐를 늦추지 않는 어리석은 자들이 있다. 하지만 마음의 그릇은, 물욕으로는 절대 채워지지 않는다. 너무 얻으려고 집착하면 오히려 잃는 마음의 그릇은, 물욕을 버림으로써 가득하게 채울 수 있고, 버린 만큼 다시 채울 수 있다.

마음의 그릇이 차면 세상 모든 것이 그득하고 그 무엇이든 만족으로 다가온다. 하지만 마음의 그릇이 차지 않으면 천금을 쥐고 희롱해도 마음은 언제나 허전하고 불만스러워 만족과 행복이 있을 수 없다.

감동과 흐뭇한 미소를 지을 수 있는 행복한 말

바구니 속에 먹을 것을 잔뜩 가지고 있으면서도,
내일은 무엇을 먹을 것이냐고 걱정하는 인간은
구제불능한 인간이다. <에머슨>

죽고 사는 것이
혀의 힘에 달렸다

• • •

혀는 뼈가 없다. 그러나 뼈도 부러뜨릴 수 있다. 혀는 연장이 아니다.
그러나 자르지 못하는 것이 없다. 혀는 화살이 아니다. 그러나 먼 거
리까지 날아가서 찌를 수 있다. 혀는 날개가 없다. 그러나 자유롭게
날 수 있다. 혀는 힘이 없다. 그러나 엄청난 마력을 낼 수 있다.

제자들이 가르침을 받기 위해서 스승이 나타나기만을 기다
리고 있었다. 이윽고 나타난 스승은 제자들에게 엉뚱한 말을
했다.

"지금 너희들이 가지고 있는 것 중에서 가장 강력한 것 하나
씩만 내놓아 보아라."

갑작스런 스승의 태도에 제자들은 어리둥절해 했다.

한참 동안 눈을 껌벅거리며 생각하던 제자들은 강력하다고
생각되는 것들을 하나씩 스승께 내 보였다. 어떤 제자는 연필
깎이를 내보였고, 어떤 제자는 두 주먹을 불끈 쥐어 보였으며,

21

어떤 제자는 태권도 시범을 보이기도 하였다. 그런데 한 제자가 스승 앞에 혀를 길게 빼서 내 보였다.

스승은 그 제자에게 물었다.

"너는 왜 혀를 내놓고 있느냐?"

그러자 제자가 혀를 거두며 대답했다.

"스승님, 제가 가진 것 중에서 가장 강력한 무기는 바로 혀이기 때문입니다. 혀는 그 어떠한 무기도 상처를 낼 수 없는 마음의 상처를 낼 수 있고, 한 마디의 잔인한 말은 칼로 찌른 상처보다 더 큰 상처를 낼 수 있기 때문입니다."

이 대답을 들은 스승은 만족한 표정을 지으며 말했다.

"오늘 내가 너희들에게 가르칠 것을 이 제자가 모두 말해 버렸다. 오늘은 더 이상 가르칠 것이 없으니 내일 다시 오도록 하여라."하고는 제자들을 돌려보냈다.

우리가 진정으로 경계해야 할 것은 타인이 아니라 자신의 입속에 있는 혀이다. 세상을 움직이는 것도 혀이고, 세상을 옳게도 나쁘게도 할 수 있는 것이 혀이기 때문이다. 세상사가 혀에의해서 시작되기도 하지만 혀에 의해서 끝을 맺는다는 것도 잊어서는 안 된다. 혀로 이룬 사랑이 혀로 인해서 끝을 맺고, 혀로 이룬 우정이 혀로 인해서 끝을 맺으며, 혀로 이룬 대인관계가 혀에 의해서 끝을 맺는다.

혀가 자유로워지면 행동도 자유로워지고, 혀가 절도를 지키면 행동도 절도를 지키게 된다. 그렇게 때문에 몸을 지키는 일은 부드러운 혀를 다스리는 일로부터 시작되는 것이고, 조금만 방심해도 옳은 말 그른 말 가리지 않고 쏟아내는 혀를 잘못 다스리면 그 말에 의하면 끝내는 자신이 상처를 받게 된다.

혀를 많이 놀릴수록 몸은 수고로워진다. 말한 만큼 행동도 뒤따라야 하기 때문이다. 혀를 많이 놀릴수록 신용이 상처를 입는다. 말이 많으면 행동은 상대적으로 적어지기 때문이다. 혀를 많이 놀릴수록 얻는 것보다 잃는 것이 많다. 얻는 수단은 행동이지만 잃는 수단은 말이기 때문이다.

감동과 흐뭇한 미소를 지을 수 있는 행복한 말

너는 내가 맛있는 것을 사 오라고 했을 때도
혀를 사왔고,
오늘은 싼 음식을 사오라고 시켰는데
또 혀를 사왔다. 어찌된 일인가?
"혀는 좋으면 그보다 좋은 것이 없고,
또 나쁘면 그보다 나쁜 것이 없기 때문입니다." <탈무드>

첫 단추를 잘못 끼우면
마지막 단추는 끼울 구멍이 없어진다

● ● ●

세상에 던져진 모든 인생의 출발점은 동일 지점이다. 그럼에도 불구하고 인생이 성공과 실패로 나뉘는 것은 출발점이 달라서가 아니라 서로 가는 방향과 방법이 달랐기 때문이며, 그렇기 때문에 운명을 탓하는 것은 어쨌든 변명이다.

출산 진통이 시작된 부인을 남편은 급히 병원으로 데리고 갔다. 부인을 안정시켜 분만실에 들여보내 놓은 그는 밖에서 순산이 되기를 손꼽아 기다렸다. 분만실에 들어간 지 30분이 넘어도 소식이 없자, 그는 줄담배를 피워대면서 초조하게 기다렸다.

한 시간 후에야 간호원이 나왔다. 그는 간호원에게 달려가 다급히 묻기 시작했다.

"저, 아들인가요? 딸인가요?"

"공주님이에요."

그는 다시 물었다.

"아이는 정상인가요?"

"네, 정상이에요."

그때서야 그는 안심이 되는 듯 분만실로 들어갔다.

◇◆◇

그렇다. 우리는 아이가 태어나면 '남자'아이냐 '여자'아이냐, 또 '정상'이냐에만 관심이 집중될 뿐, '대통령'이 태어났느냐 '사장'이 태어났느냐에는 관심이 없다. 대통령이 되고, 사장이 되고는 출생된 후 성장하는 과정에서의 관심일 뿐이다.

세상에 태어나 울음을 터뜨릴 때의 인간은 특권이나 불평등은 손톱만큼은 찾아볼 수 없이 벌거벗은 모습 그 자체이다. 그런데도 왜 성공인생과 실패인생으로 나뉘어지는 것일까? 그것은 인생의 목표로 가는 '방향'과 가는 '방법'이 다르기 때문이다. 즉 인생에는 수많은 길이 있는데, 그 중에서 스스로 어느 길을 선택해서 가느냐에 따라 인생이 성공되기도 하고 실패되기도 하는 것이다.

성공된 인생을 위해서는 먼저 자신에게 맞는 옳은 길을 찾아야 하고, 옳은 길을 찾았으면 그 길을 가기 위해 좋은 땀을 투자해야 한다. 인생의 성공은 옳은 길을 찾은 자체로서 성취되는 것이 아니라 그 길로 걸어 들어가는 데 있기 때문이다.

세상에는 옳은 길도 많지만 나쁜 길도 많다. 따라서 우리는 나쁜 길에 들어서지 않도록 한시도 늦추지 않고 경계하여야 하고, 불행하게도 이미 잘못된 길에 들어서 있으면 머뭇거림없이 돌아나와 새로운 길을 찾아야 한다. 인생을 실패로 모든 것은 잘못된 길에 들어선 것이 아니라 잘못된 길임을 알고도 계속해서 들어가는 데 있다.

감동과 흐뭇한 미소를 지을수 있는 행복한 말

길을 잘못 들면
아무리 뛰어도 소용이 없다. <서양 격언>

고정관념이
사람을 멍청하게 만든다

• • •

고정관념은 언제나 자신의 의견과 판단만을 따르라고 강요하기 때문에 고정관념에 사로잡힌 마음에는 자신의 존재가치가 있을 수 없다. 그러한 마음에서는 언제나 코를 낸 주로 자유를 잃은 소처럼 자신의 자유로운 생각에 앞서 고정관념에 복종해야만 한다.

한 젊은이가 나를 찾아와 물었다.

"진리란 무엇입니까?"

나는 대답해 주었다.

"깨달은 사람이 말하는 모든 것은 진리입니다."

그랬더니 젊은이는 불만족스러운 표정을 지으면 다른 질문을 했다.

"그러면 참된 성자란 어떤 사람입니까?"

이번에도 나는 성의껏 대답해 주었다.

"참된 성자란 눈을 뜬 사람입니다. 눈을 뜬 사람은 누구든지 성자입니다."

젊은이는 이 대답에도 만족을 하지 못하고 "그런 대답이 어디 있습니까? 그런 대답을 듣기 위해서 여기까지 온 것이 후회되는 군요."하고는 나가려 했다.

그때 나는 어느 책을 보여 주며 말했다.

"이 말은 내가 한 말이 아니고 유명한 불타와 성자가 말한 것을 그대로 말했을 뿐입니다."

그때서야 젊은이는 밝은 미소를 띠며 말했다.

"아, 그렇습니까? 과연 명답이로군요."

같은 종이라도 신사가 들고 있으면 서류뭉치고 환경미화원 아저씨가 들고 있으면 쓰레기뭉치다. 같은 말이라도 철학자가 말하면 명언이고 평범한 사람이 말하면 쓸데없는 소리다. 같은 훈계라도 나이 많이 먹은 사람이 말하면 교훈이고 젊은 사람이 말하면 철없는 소리다. 같은 물건이라도 외제상표가 붙어 있으면 좋은 물건이고 한국상표가 붙어 있으면 싸구려 물건이다.

독재자와 고정관념(선입관)은 결코 자신 이외의 존재에 대해서는 인정하지 않는다. 자신만이 최고이고, 자신의 의견과 판단만이 옳은 것이라고 강요한다. 그러므로 고정관념에 사로잡힌 마음에는 그 어떤 것도 쓰레기로 취급되어 버려진다.

붕어빵틀에서는 붕어 모양의 빵만 구어져 나오는 것처럼, 고정관념 속에서는 언제나 같은 결론만이 나온다. 따라서 그 무엇에도 구속받지 않는 자유로운 이성(理性)의 소유자가 되기 위해서는 독재자와 같은 고정관념을 깨버려야 한다. 이성을 가진 인간이라고, 또는 자유를 달라고 소리 높여 외쳐대기 전에 올바른 판단조차 하지 못하게 가로막는 고정관념에서 벗어나야 하고, 고정관념을 깨끗이 지울 때만이 이성의 자유와 더불어 행동의 자유도 보장받게 된다.

감동과 흐뭇한 미소를 지을수 있는 행복한 말

잘못된 고정관념에 사로잡히면
잘못을 수십 번 범하게 된다. <B. N. 카도우조우>

시키는 대로만 하지 말고
내 일의 주인이 돼라

● ● ●

우리의 생존 목적은 존재 자체에 있는 것이 아니라 얼마나 가치있고
행복하게 존재하느냐에 있다. 하루를 밥 세 끼 먹는 것으로 만족해하
는 삶은 목적에 의한 삶이 아니라 생명을 이어가기 위한 본능적 행위
일 뿐이다.

수많은 개미들이 줄에서 이탈되지 않고 걸어가고 있었다. 어
디를 가는지는 몰라도 끊임없이 줄을 지어서 가고 있었다. 그
모습을 지켜보고 있던 베짱이가 줄을 지어서 따라가고 있는 한
개미한테 물어보았다.

"개미야, 지금 어디로 가고 있는 거니?"

"나도 몰라. 그냥 앞의 개미만 따라가고 있을 뿐이야."

그대에게 "왜 사십니까?", "왜 그렇게 허겁지겁 뛰어가십니

까?"하고 묻는다면 어떠한 대답을 하겠는가?

삶의 목적도 없이 남의 뒤를 따라가기엔 바쁜 이들, 온통 자신의 삶을 남의 삶에 견주어 살아가기 바쁜 이들이 너무나 많다. 남이 돈을 많이 벌면 어떻게 해서라도 나도 돈을 많이 벌어야 하고, 남아들은 더 좋은 대학에 들어가야만 된다.

남의 뒤꽁무니만 졸졸 따라다니는 삶이 가치있는 삶일까? 나는 아니라고 대답하겠다. 그러한 삶에서는 자신의 의지와는 무관하게 그들을 따라가야 하기 때문에 자신의 삶이 존재할 수 없다. 또 남을 따라잡기 위해서 자신의 능력에 겨운 일도 해야만 하기 때문에 삶이 온통 고통으로 찌들게 된다.

확정된 삶의 길이나 방식은 없다. 돈 많은 삶이 가치있는 삶이고, 대학 나온 사람만이 출세하는 세상은 이미 아니다. 남에게 피해를 입히지 않으면서 자신의 의지대로 힘껏 살아가는 삶이면 훌륭한 것이다.

우리는 살아가면서 '나는 누구인가?', '나는 왜 사는가?', '나는 무엇을 위해 사는가?'라는 질문을 종종 던져보아야 한다. 그러한 질문을 스스로에게 던지는 순간, 스스로를 볼 수 있는 눈이 뜨이게 되고, 자신의 존재 가치를 생각해 볼 여유를 가지게 된다. 또 만성과 타성에 젖어서 무감각한 상태로 삶을 살아가고 있는 자신에게 이러한 질문을 던짐으로써 스스로를 채찍질

할 수 있는 동기를 만들 수 있다.

가치있는 행동을 함으로써만 가치있는 것을 보탤 수 있다. 목적도 없이 될대로 내버려 두는 삶에서는 그 어떤 가치도 구할 수 없고, 타락과 방종이 연속되는 비참한 고통의 멍에에 삶을 내맡겨야 한다.

감동과 흐뭇한 미소를 지을수 있는 행복한 말

자기는 자식이 있고 예의가 있으며,
게다가 덕까지 갖추었다고 생각하는 사람들이
어리석게도 자신의 인생의 목표와 가치를
모를 뿐만 아니라,
도리어 그 모르는 것을 자랑거리로 삼는다는 것을
우리는 흔히 볼 수 있다. 나는 그들을 딱하게 여기고 있다. <H. 죠지>

행복도 내가 만들고
불행도 내가 만드는 것이다

● ● ●

마음의 평화가 있는 곳이 천국이다. 몸이야 가시밭에 있든 널빤지 위에서 잠을 자든 마음만 편안하면 그것이 천국이고 행복이다. 하지만 마음의 평화가 없으면 꽃밭에 있어도 가시밭에 있는 것이나 다름없고, 몸이 어디에 있든 지옥생활을 거듭해야 한다.

천국행 열차와 지옥행 열차가 있었다. 그 열차를 타는 데는 아무런 제약이 없었기 때문에 자신이 가고 싶은 곳의 열차를 타면 되었다.

사람들 모두는 천국행 열차로만 몰려가서 탔을 뿐 지옥행 열차에 오르는 사람은 단 한 사람도 없었다. 그래서 지옥행 열차는 좌석이 남아도는 반면 천국행 열차는 좌석이 없는 것은 물론 서 있을 공간조차도 없이 북새통을 이루었다.

천국으로 가는 열차가 이렇게 북새통을 이루고 있는 데도 불구하고 뒤에 오는 사람들은 예외없이 그 사이를 비집고 들어갔다. 천국행 열차에서는 사람 살려달라는 아우성과 함께 더 이상 타지 말라는 고함소리가 흘러나왔지만, 사람들은 아랑곳하지 않고 천국행 열차로만 비집고 들어갔다.

한 노인이 열차를 타기 위해서 출입문 앞에 섰다. 텅 비어 있는 지옥행 열차와 아우성치고 있는 천국행 열차를 확인한 노인은 여유있는 표정을 지으며 지옥행 열차에 올랐다. 지옥행 열차에는 아무도 없었기 때문에 아우성을 칠 필요도, 밀고 당길 필요도 없이 편안했다.

노인이 편안하게 앉아 있는데 안내원이 와서 물었다.

"당신은 왜 천국행 열차를 타지 않고 지옥행 열차를 탔습니까?"

이 물음에 노인에 대답했다.

"저렇게 아우성치는 천국에 가기보다는 차라리 지옥에 가서 마음 편하게 사는 것이 낫기 때문입니다. 마음 편한 곳보다 더 좋은 천국이 어디 있겠습니까?"

◇ ◆ ◇

천국은 죽어서 가는 곳이 아니라 살아서 누리는 곳이다. 죽어서 가는 모든 곳은 지옥뿐이다. 우리는 살아있는 자체로서 천국에 있는 것이고, 숨을 거두는 순간 천국에서 쫓겨나 지옥으로 떨어지는 것이다.

'쇠똥에 구르면서 살더라도 저승보다는 이승이 낫다'는 말이 있는 것처럼 살아있는 자체가 행복이고 천국이다. 지나가는 사람을 붙들고 "이 세상에서 고생하면서 살래, 천국에 가서 편안하게 살래?"하고 물으면 모두가 이 세상에서 살겠다고 하지 죽어서 천국에 가겠다고 하는 사람은 없다. 천국이 그토록이나 좋은 낙원이라면 이승에서 고통받으며 사느니 죽음을 택해야 옳은 것임에도 불구하고 죽음을 택하지 않는다는 사실이 바로 이 세상이 천국이라는 것을 증명하는 것이다.

죽음을 눈앞에 둔 사람들은 한 순간이라도 더 살아보기 위해서 발버둥을 치는데, 그들이 죽어서 지옥에 가는 것이 두려워서 그러겠는가? 그들이 한 순간이라도 더 살아보려고 발버둥을 치는 것은, 바로 이 세상이 천국임을 깨닫고, 천국을 지독히도 떠나고 싶지 않기 때문이다. 그런데 많은 이들이 죽음을 눈앞에 두고서야 비로소 이 세상이 천국이라는 것을 깨달으니, 이보다 더 가엾은 일이 어디 있겠는가!

감동과 흐뭇한 미소를 지을수 있는 행복한 말

천국은 우리의 머리 위 뿐아니라
발밑에도 있다. <H. D. 드로우>

세상에서 가장 어려운 일은
당신 자신을 바꾸는 것이다

• • •

말[言]은 순환형의 철로 위에 놓인 전차와 같아서 내가 한 말은 여러 사람의 입을 거쳐 다시 내게로 돌아온다. 따라서 천사의 환영을 받을 것이냐 악마의 공격을 받을 것이냐는 내 입에서 천사를 내보내느냐 악마를 내보내느냐에 달려 있다.

거울 앞에서 인상을 쓴 채 손짓 발짓을 하며 놀던 아이가 갑자기 울음을 터뜨리며 엄마 품으로 들어왔다.

"엄마, 거울 속에 있는 아이가 화난 얼굴로 나를 때리려고 해요. 엄마가 가서 때려 주세요."

"음, 그것은 네가 먼저 그 아이를 때리려고 했기 때문이야."

"아니에요, 거울 속에 있는 아이가 먼저 나를 째려보다가 때리려고 했어요."

"그럼, 우리 거울 앞으로 가 보자."

아이를 거울 앞에 데려온 엄마는 아이에게 먼저 웃어보라고 타일렀다. 아이는 엄마가 시키는 대로 웃었다. 그러자 거울 속에 있는 아이도 따라 웃었다.

"거봐. 네가 먼저 웃으니까 거울 속에 아이도 웃잖아."

엄마 말이 거짓이 아니라는 것을 안 아이는 거울 속의 아이와 깔깔깔 웃기도 하고, 뽀뽀도 하면서 즐겁게 놀았다.

자신이 먼저 상대방을 욕되게 해 놓고서 상대방이 먼저 욕한다고 억지를 쓰고, 자신의 마음에 조금이라도 들지 않으면 모두가 나쁜 사람들이라고 매도한다. 설령 자신이 잘못해서 다투었다고 해도 싸움이 끝난 후에는 상대방이 나쁘다고 덮어씌운다.

세상 사람 모두는 고요하다. 자신만이 모든 변화를 일으키는 주인공이고, 자신만 가만히 있으면 아무도 돌멩이를 던지지 않는다. 물의 고요함을 깨뜨리기 위해서 돌멩이를 던지면 도리어 자신이 물벼락을 맞는 것처럼, 상대방을 해치기 위해서 입을 뻥긋하면 그것은 돌고 돌아 자신에게로 다시 돌아와 상처를 내고 만다.

평안을 누리기 위해서는 상대방이 가만히 있어야 되는 것이 아니라 내가 가만히 있어야 한다. 상대방이 움직이니까 내가 움직이는 것이 아니라 내가 먼저 움직이니까 상대방이 움직이는 것이다. 아무리 인화성이 좋은 휘발유라 하더라도 먼저 불씨를 당기지 않는 한 스스로 타는 법은 없다.

감동과 흐뭇한 미소를 지을 수 있는 행복한 말

남과 사이가 벌어졌을 때,
남이 그대에게 대한 불만스러운 태도를 보일 때,
남이 그대를 배반하였을 때,
그가 나쁜 것이 아니라
그대의 선(善)이 부족하였다고 생각하라. <톨스토이>

오늘 시작하지 않은 것은
절대 내일 끝낼 수 없다

● ● ●

오늘 살지 않은 삶을 내일로 미루는 것은 오늘과 내일을 동시에 희생
시키는 것이다. 오늘은 내일로 미루어서 희생시키고, 내일은 오늘 미
루어 놓은 삶 때문에 희생되는 것이다. 따라서 오늘과 내일을 동시에
얻는 비결은 오늘의 삶은 오늘에 사는 것이다.

조그마한 서점에 어느 날 간판 대신에 '내일은 책을 무료로
드립니다'라는 현수막이 나붙었다. 책을 사기 위해 서점에 들
르려던 사람들이 그 현수막을 발견하고는 내일 다시 오겠다며
책을 사지 않고 그냥 돌아갔다.

현수막을 보고 돌아갔던 사람들은 다음 날 아침 일찍 서점으
로 나갔다. 서점은 공짜로 책을 받아가려는 사람들로 북새통을
이루었고, 한 권이라도 더 가져가기 위해서 서로 경쟁을 벌였
다. 욕심껏 책을 고른 사람들이 즐거운 표정으로 서점을 나오
는데, 이상하게도 출입구쪽의 계산대에서는 여전히 돈을 받고

있었다.

그러자 한 사람이 서점 주인에게 따졌다.

"여보쇼, 오늘 책을 무료로 준다고 해 놓고서 왜 돈을 받는 것이요?"

그때 주인은 조용히 대답해 주었다.

"아, 현수막을 보시고 그러시는 것 같은데, 그 현수막에는 내일 무료로 드린다고 했지 오늘 무료로 드린다고 한 적은 없습니다. 그러니 오늘은 돈을 내셔야 합니다."

이 말을 들은 손님들은 책을 내려 놓고 우르르 몰려나가 현수막을 다시 바라보았다. 현수막은 여전히 '내일은 책을 무료로 드립니다'라고 씌여져 있었다.

◇◆◇

오늘을 사는 것은 내일을 사는 것보다 절박하다. 내일은 시간이 흐르면 계속해서 다가오지만 오늘은 이 순간이 지나면 영원히 다시 오지 않기 때문이다. 오늘에 최선을 다하기 위해서는 내일을 너무 믿지 말아야 한다. 내일을 너무 믿고 생활하기 때문에 오늘 할 일을 미루게 되고, 오늘 누릴 행복을 미루게 되며, 오늘 살아야 할 삶을 미루게 되는 것이다.

나와 내일 사이에는 일정한 간격이 있고, 그 간격은 그 어떤 수단에 의해서도 좁힐 수 없다. 따라서 우리가 좋은 내일을 얻기 위해서 해야 할 최선의 일은 오늘을 열심히 살아야 한다는 것이다. 오늘을 열심히 살면 희망으로 다가오고 오늘을 빈둥빈둥 보내면 후회로 다가오는 것이 내일이며, 내일 자체가 우리에게 희망을 안겨 주거나 하는 것은 아니다.

내일 자체를 얻기 위해서 노력하지 말아야 한다. 내일은 가까이 다가가면 저만큼 달아나 버리는 무지개와 같은 것이기 때문에, 그것을 얻기 위해서 노력하는 자는 후회만을 얻어 낼 것이다.

감동과 흐뭇한 미소를 지을 수 있는 행복한 말

내일은 노련한 사기꾼이다.
그의 사기는 언제나 그럴싸하다. <S. 존슨>

진실은 진실한 행위를 통해서만
남에게 전달된다

• • •

악(惡)은 선(善)에 의하여 심판받고, 거짓(不正)은 진실(正)에 의하여 심
판 받는다. 때로는 선이 악에 의하여 억압당하고, 진실이 거짓에 의
하여 왜곡되기도 하지만 최후에 가서는 선과 진실이 악과 거짓을 사
장시켜 버린다.

　피고로서 재판을 받던 사람이 불리한 입장으로 몰리자, 많은
돈을 준비해서 남의 눈에 띄지 않게 담당 판사집으로 찾아갔
다. 그는 판사 앞에 두둑이 든 가방을 내놓으며 잘 좀 부탁한다
고 머리를 조아렸다.

　그때 판사는 돈 가방을 밀치며 조용히 말을 건넸다.

　"제가 이 돈을 받지 않는 것은 뇌물이라서가 아니라 이 돈에
의해서 진실이 침해될까 염려되기 때문입니다. 이 돈 때문에
진실이 침해된다면 우리 모두는 돈으로도 따질 수 없는 엄청난
손해를 보는 것입니다. 그리고 재판에서 이기고 지는 것을 판

단해 주는 것은 진실이지 제 개인적인 판단이 아닙니다. 진실 앞에서 꼼짝 못하는 것은 판사인 저도 마찬가지입니다. 그러니 돌아가셔서 진실을 주장하는 데 최선을 다하십시오."

◇◆◇

태양이 구름에 가려졌다고 해서 태양 자체가 사라지는 것이 아니듯, 부정을 돈의 힘을 빌어 정(진실)으로 돌려 놓았다고 해서 부정 자체가 뒤바뀌어 완전한 정(正)으로 돌아가려는 것은 아니다. 그러한 부정은 구름이 태양에 의해 걷어내지는 것과 같이 정(진실)에 의하여 원상태로 돌려지고 만다.

부정을 돈의 힘에 의해 정당화시키는 행위가 많아질수록 사회는 타락하고 부패한다. 가끔씩 돈에 의해서 진실이 짓밟혀지기도 하지만 그것은 돈의 힘이 진실의 힘보다 세기 때문이 아니라 사회가 타락했기 때문일 뿐이다.

감동과 흐뭇한 미소를 지을 수 있는 행복한 말

진실은 불멸(不滅)이요,
거짓은 필멸(必滅)이다. <M. B. 에디>

결행하지 않은 복수보다
더 영예로운 복수는 없다

• • •

내 눈에 더 이상의 눈물을 흘리지 않게 하는 길은 타인의 눈에 눈물 대신 웃음이 감돌도록 하는 것이다. 눈물에 눈물을 개입시키는 것은 서로의 감정만 사납게 할 뿐 얻는 것은 없고, 눈물(복수)에는 눈물(복수)을 개입시키지 않음으로써만 멈추게 할 수 있다.

멧돼지의 생일날이었다. 맛있는 음식을 장만해 놓고서 두루미를 초대했다. 멧돼지는 하늘을 날아다니는 두루미를 늘 부러워하면서도 한편으로는 질투가 났기 때문에 두루미를 약올려주기로 마음먹고는 음식을 큰 접시에 담아서 두루미 앞에 내놓았다.

"두루미님, 이렇게 와 주셔서 감사합니다. 맛있게 드세요."

"멧돼지님, 오늘 생신 진심으로 축하드려요."

"감사합니다. 음식이 식기 전에 어서 드세요."

두루미는 긴 부리를 이용해서 접시에 담겨 있는 음식을 찍어 먹기 시작했다. 한 입 찍어 삼킨 다음 다시 찍으려 하는데 멧돼지가 큰 입을 접시 가까이에 대고 먹고 있었다. 멧돼지의 큰 입은 접시 전체를 뒤덮었기 때문에 두루미는 음식을 찍어 먹을 수가 없었다. 두루미는 그 장면을 물끄러미 바라보며 멧돼지의 입이 접시에서 떨어지기만을 기다렸다. 하지만 멧돼지의 입은 접시에 담겼던 음식을 다 먹고 난 다음에야 떨어졌다.

접시에 담겼던 음식을 다 먹은 후에야 입을 뗀 멧돼지는 능청스럽게 말을 꺼냈다.

"맛있게 드셨는지 모르겠네요."

두루미는 화가 치밀어 아무 대꾸도 하지 않은 채 나와 버렸다. 두루미는 돌아오면서 '그래, 내 생일날 두고 보자, 반드시 복수할 테다'하면서 복수심을 불태웠다.

몇 달 후 생일을 맞이한 두루미는 음식을 장만한 다음 멧돼지를 초대했다. 멧돼지는 두루미 집으로 오면서 자신의 생일 때 자신이 보여준 행동에 두루미가 복수하면 어떻게 하나 하고 은근히 걱정했다. 그렇지만 두루미는 몇 달 전 자신이 당했던 것에 대한 복수심을 누그러뜨리고 멧돼지에게 큰 깨우침을 주기 위해서 오히려 넓은 접시에 맛있는 음식들을 담아서 멧돼지 앞에 내 놓았다.

두루미가 복수할지도 모른다는 생각에 가득 차 있었던 멧돼지는 넓은 접시에 음식이 담겨서 나오는 것을 보고 안도의 숨을 내쉬었다. 이윽고 두루미가 나와서 인사를 했다.

"멧돼지님, 이렇게 와 주셔서 감사합니다. 차린 것은 별로 없습니다만, 마음껏 드시고 즐겁게 놀다 가시기 바랍니다."

"두루미님의 생신을 진심으로 축하드립니다."

인사가 끝나고 음식을 먹기 시작했다. 멧돼지는 큰 입을 이용해서 접시에 담긴 음식을 한 입 물었다. 입안에 든 음식을 몇 번 씹더니 갑자기 울음을 터뜨렸다.

당황한 두루미가 물었다.

"멧돼지님, 왜 그러세요. 음식에 돌이라도 있나요?"

그러자 멧돼지가 울음을 그치고 두루미에게 머리를 조아렸다.

"두루미님, 저의 지난날의 죄를 용서해 주세요. 다시는 두루미님을 미워하거나 괴롭히지 않겠습니다."

그러자 두루미가 말했다.

"저는 이미 용서했습니다. 용서하지 않았다면 이 음식은 좁은 항아리에 담겨져 나왔을 것입니다. 우리 앞으로 사이좋게 지냅시다."

이 말은 들은 멧돼지는 다시 한번 감동의 눈물을 흘렸다.

상대방의 잘못에 대하여 복수하는 것은 복수심에 불타고 있는 증오심만을 위로할 수 있을 뿐이지만, 상대방의 잘못에 대하여 복수 대신 용서를 하는 것은 자신의 영혼까지도 위로할 수 있다.

내 눈에서 흐르는 눈물을 멈추게 하기 위해서 눈물 흘리게 한 자에게 내가 받은 똑같은 고통을 받게 해서는 안 된다. 그렇게 해서 멈추어진 눈물은 멈춰진 것이 아니라 잠시 쉬고 있을 따름이며, 그와 똑같은 고통으로 다시 한번 눈물을 흘려야만 한다.

양심의 심판 만큼 자신을 괴롭게 만드는 것도 드물다. 다른 모든 것은 속일 수 있어도 자신의 양심까지 속일 수는 없는 일이고, 그 양심을 스스로 거역한다는 것은 여간 괴로운 일이 아닌 것이다.

감동과 흐뭇한 미소를 지을 수 있는 행복한 말

비방에 대하여 비방으로써 앙갚음함은,
타는 불 속에 장작을 집어 넣는 것과 같다.
그러나 비방하는 자를 대하기를
평화로운 태도로 함은
그것만으로도 벌써 승리한 것이다. <J. 러스킨>

남의 흠은 보기 쉬우나
자기 흠은 보기 어렵다

● ● ●

사물의 껍데기만 보는 데 만족하는 눈을 너무 믿어서는 안 된다. 눈은 그저 사물을 보는 데만 만족하고, 그것의 판단은 의식에게 맡겨야 한다. 인간사에서 일어나는 모든 불미스러운 일은 눈이 의식을 앞질러 설쳐대는 데서 시작된다.

　부모 말을 지독히도 듣지 않는 딸이 있었다. 하지 말라고 하는 행동은 기를 쓰고 하면서도, 하라고 하는 행동은 지겨울 만큼 하지 않는 청개구리 같은 아이였다. 화가 나서 때려 보기도 하고 벌을 세워보기도 했지만 모두가 역부족, 그 순간이 지나면 원위치로 돌아갔다.

　화가 하늘 끝까지 난 엄마가 딸을 꾸짖었다.

　"너는 도대체 누구를 닮아서 그 모양이니? 제발 나가서 죽든지 빨리 시집이나 가 버리든지 하여 내 눈앞에서 사라져라. 엄마는 속이 너무너무 상해서 살 수가 없어."

딸을 실컷 꾸짖은 엄마는 방으로 들어와 이불을 뒤집어쓰고는 친정 어머니를 생각하면서 울었다. 사실은 자기 딸이 자신을 꼭 빼어 닮았기 때문이었고, '나도 딸 때문에 이렇게 속이 상하는데 친정 엄마는 나를 키우면서 얼마나 속이 상하셨을까'하는 생각에 가슴 아파서 울었던 것이다.

◇◆◇

자신에게 있을 때는 전혀 느끼지 못하는 악덕을 남에게 있을 때는 서슴없이 비난한다. 자신의 눈에 거슬리는 행동을 남이 할 때는 비난을 가하면서도 자신이 할 때는 대단히 훌륭한 행동이라고 치부해 버린다. 그러면서도 우리는 앞을 보지 못하는 장님들보다도 더 많은 분쟁을 일으키면서 살아간다.

우리는 좋은 의식을 가지고 있으면서도 눈으로 세상을 산다. 그리하여 눈에 보이는 것에 대하여만 이러쿵저러쿵할 뿐 눈에 보이지 않는 것에 대해서는 침묵한다. 하지만 눈은 우리의 생각만큼 신용할 것이 못된다. 눈으로 볼 수 있는 것은 지극히 제한되어 있을 뿐만 아니라 그것마저도 속임을 당하는 경우가 너무나 많기 때문이다.

우리를 움직이게 하는 원동력을 눈에 두지 말고 의식에 두어야 한다. 의식은 보이지 않는 세계와 자기 자신을 볼 수 있는 유일한 눈이고, 자신의 육신을 떠나 사신의 육신이 어떠한 행동을 하고 있는지를 볼 수 있는 또 다른 눈이다. 눈을 뜨고 있다고 해서 의식의 눈까지 뜨이는 것은 아니다. 의식의 눈은 눈의 상태와는 무관하게 자신의 의지에 의해서 뜰 수 있고, 눈에 보이는 것이 없을 때 더욱 더 냉철한 눈(의식의 눈)을 뜰 수 있다.

감동과 흐뭇한 미소를 지을수 있는 행복한 말

남의 품행을 공격하기에 앞서
자기 자신의 예절을 확신해야 한다. <J. 가너드>

상대방을 판단하기 전
자신의 마음을 비워 선입관이 없게 하라

● ● ●

세상을 원만하게 살아나가기 위해서는 타인과의 관계에서 자신을
맨 앞에 나서게 하지 말고 뒤에 숨겨 두어야 한다. 오해와 분쟁이 일
어나 인간관계가 단절되는 것은 타인보다 자신의 입장과 판단이 앞
서기 때문이다.

가을이 깊어 가자 도심에 있는 가로수의 낙엽이 하나 둘 지
기 시작했다. 그리하여 환경미화원 아저씨는 매일같이 낙엽을
쓸어내는 일에만 매달려야 했다. 하루도 빼놓지 않고 쓸어냈
지만 나무도 이에 질세라 하루도 빼놓지 않고 낙엽을 떨구었
다. 이에 지친 환경미화원 아저씨는 가로수를 흔들어 가로수
에 달려 있는 나뭇잎을 강제로 떨어지게 한 다음 쓸어내기 시
작했다.

환경미화원 아저씨가 나뭇잎을 강제로 떨구기 위해서 나무
를 흔들고 있을 때 지나가던 행인 한 사람이 못마땅한 듯이 말

했다.

"아저씨, 가을의 정취를 느낄 수 있도록 그냥 놔두지 그래
요?"

환경미화원 아저씨가 대답했다.

"당신은 떨어지는 낙엽을 보고 정취를 느낄지 모르겠지만,
떨어지는 대로 쓸어내야만 하는 나는 아주 지겹습니다. 당신도
이 직업을 가진다면 이렇게 할 것입니다."

◇◆◇

우리는 타인을 판단하면서 그 기준을 자기 자신의 처지로 한
다. 그래서 자신이 급하지 않으면 남도 급하지 않을 것이라고
생각하고, 자신이 배고프지 않으면 남도 배고프지 않을 것이라
고 추측도 아닌 확신을 한다. 그러나 모든 사람은 옷 입은 모양
만큼이나 다른 처지 속에서 삶을 영위해 나가고 있다는 것을
이해해야 한다. 이를 깨닫지 못하고 타인을 자신의 처지에 견
주어 판단하게 되면 하얀색이 검은색한테 '왜 너는 검게 생겼
냐?'라고 반박하는 것과 다름없는 어리석음을 범하게 된다.

도마 위에 놓은 고기 덩어리를 공정하게 나눠 갖고 싶으면
그것과 이해관계 있는 자가 칼자루를 쥐지 말아야 하듯, 한 사
람을 공정하게 판단하기 위해서는 자신의 처지를 판단의 기준

으로 세우지 말아야 한다. 판단이 그릇되어 서로가 서로를 불신하는 결과를 낳는 것은 바로 자신을 판단 기준으로 세우기 때문이다.

감동과 흐뭇한 미소를 지을수 있는 행복한 말

타인을 판단함은 언제나 옳지 못한 일이다.
그것은 누구를 막론하고
결코 타인의 마음속에 일어난 일
또는 일어날 일을 알 수 없기 때문이다. <오레리아스>

제2장
소중한 시간, 소중한 나

지금 내게 주어진 시간은 내 생명을 주고 꾸어낸 시간이다. 그렇기 때문에 헛되게 소비할 시간이라고는 손톱만큼도 없다. 남의 뒤꽁무니를 따라갈 시간도 환상에 사로잡힐 시간도 어리석음을 되풀이할 시간도 행복을 미루어 둘 시간도 투정을 부릴 시간도 없다.

단점은 장점을 없애 버리는
힘을 가지고 있다

● ● ●

백 가지의 장점은 한 가지의 단점에 의하여 빛을 잃고, 백 가지의 장
점은 한 가지의 단점에 의해 헐뜯김을 면치 못한다. 그러므로 백 가
지의 장점을 드러내려고 애쓰는 것보다 한 가지의 단점을 새어 나가
지 못하도록 하는 것이 더 현명한 일이다.

　친구처럼 사귀던 연인들이 연애를 종말짓고 결혼하기로 약
속했다. 결혼을 약속한 후부터 이들은 마음 속에 있는 비밀을
한 조각도 남김없이 나누었다. 가정에 관한 이야기는 물론 친
구들에 관한 이야기, 이웃 간의 이야기도 숨김없이 나누었다.

　그러던 어느 날인가부터 반드시 결혼하리라 믿었던 둘 사이
에서 사소한 문제로 말다툼이 일어나기 시작했다. 그 후부터
그들은 만날 때마다 말다툼을 벌였고, 그러한 상태는 날이 가
면 갈수록 심각해져 결국은 치유될 수 없을 만큼 깊은 상처를
남긴 채 원수처럼 헤어졌다.

그런데 여자는 헤어지자마자 자신과 헤어진 남자를 궁지로 몰아넣으려는 앙심을 품고, 그의 친구들과 그와 알고 지내는 사람들을 찾아다니면서 그동안 숨김없이 나누었던 이야기들을 마음대로 부풀려서 이간질했다. 여자의 이간질에 제동을 거는 사람도 있었으나 부화뇌동하여 반격을 가하는 사람도 있어서 남자는 하루 아침에 궁지에 내몰리게 되었다.

남자는 여자의 이러한 야비한 행동에 대하여 뼈가 저리도록 깨달았다.

"나는 지금까지 인간을 데리고 있었던 것이 아니라 호랑이를 데리고 있었구나!"하고.

성인 군자란 단점이 전혀 없는 사람이 아니라 단점보다는 장점이 많은 사람을 지칭한다. 우리 모두가 가지고 있는 장점과 단점 중에서 장점을 치켜세우면 성인 군자가 되는 것이고, 단점을 치켜세우면 소인배가 되는 것이다.

스스로를 지키기 위해서는 어떠한 경우에도 '단점'을 타인에게 제공하지 말아야 한다. 장점은 묻어 두고 단점을 공격해서 위기에 몰리지 않을 사람은 신(神)밖에 없고, 사소한 단점을 파헤쳐서 그 사람 전체를 매도해 버린다면 성인 군자도 배겨내지 못한다.

　단점은 장점을 없애 버리는 힘을 가지고 있다. 따라서 단점이 자신의 몸에서 떠나는 순간 비방의 소리가 사방에서 몰려들기 시작하고, 그동안의 장점이 아무리 훌륭하다 하더라도 빛을 잃고 만다.

감동과 흐뭇한 미소를 지을수 있는 행복한 말

결점(단점)없이 태어난 사람은 없다.
가장 적은 결점으로 둘러싸인 자가
가장 훌륭할 뿐이다. <호라타우스>

부모를 배신하는 자는
어느 누구도 배신한다

• • •

사랑에도 뿌리가 있다. 뿌리 깊은 나무가 튼튼하고 장수하듯, 뿌리
깊은 사랑이 오래도록 변치 않는다. 뿌리 깊은 사랑은 부모로부터 이
어져 내려오는 사랑이며, 부모로부터 이어받은 큰 사랑은 결코 천박
하거나 가치없는 사랑을 꿈꾸지 않는다.

그동안 여러 명의 남자와 사귀어 보았지만 자신의 질문에 모
두가 실망어린 대답을 해서 결혼 상대자를 고르지 못하고 있던
아가씨에게, 또 다시 사귀는 남자가 생겼다. 그녀는 이번 남자
에게 유달리 관심이 많았고, 결혼 상대자감으로서 기대를 잔뜩
걸고 데이트에 임하였다.

사귀기 시작한 지 한 달 정도 되어 갈 무렵, 그녀는 그동안 사
귀었던 남자들에게 했던 똑같은 질문을 이 남자에게도 했다.

"당신은, 당신의 어머니와 저 중에서 한 명을 선택하라고 한
다면 누구를 선택하시겠습니까?"

이 질문을 받은 남자는 머뭇거림없이 대답했다.

"그야 물론 아가씨죠."

이 대답을 들은 그녀는 머금었던 미소를 지우며 말을 꺼냈다.

"참으로 안타까운 일입니다. 당신을 낳아서 갖은 고생을 다해 남부럽지 않게 키워 준 부모보다도 만난 지 얼마 되지도 않은 저를 더 소중하다고 하는 당신을 어떻게 이해해야 좋겠습니까? 이 사실을 당신의 부모님이 아신다면 어떻게 생각하시겠습니까? 당신의 가장 큰 은인인 부모도 헌신짝 버리듯 하는데, 저라고 해서 그런 취급을 받지 않는다고 어떻게 보장하겠습니까? 나중에 가서 배신당하느니 지금 그 떠남을 택하겠습니다. 그동안 고마웠습니다."

부모를 배신하는 자는 어느 누구도 배신한다. 세상에서 아무리 따뜻한 것도 태양을 능가해 낼 수 없듯, 세상에서 아무리 큰 사랑이라 해도 부모의 사랑을 능가해 낼 수는 없다. 이렇게 큰 사랑도 배신하는 사람이 어느 사랑인들 배신하지 않고 제대로 하겠는가?

영원한 사랑을 꿈꾸고 행복한 결혼생활을 희망한다면 뿌리 깊은 사랑을 찾아야 한다. 뿌리 깊은 사랑은 튼튼한 뿌리를 가진 나무와 같아서 외부의 변화에 흔들리지 않고 오래도록 지속되며, 쉽게 변하거나 쉽게 배신하거나 쉽게 헤어지는 천박한 사랑은 철저히 배제된다.

쉽게 변하고, 쉽게 배신하고, 쉽게 헤어지는 천박한 사랑은 언제나 뿌리 없는 사랑에서 행해진다. 뿌리를 가지지 못한 사랑은 외부의 변화에 견딜만한 힘이 없기 때문에, 외부의 변화가 없을 때는 그럭저럭 사랑을 이어나가다가도 외부의 변화와 가해지면 그 변화에 희생되고 만다.

사랑의 뿌리는 부모로부터 이어받을 때 가장 건강하다. 부모님의 희생심에서 비롯된 사랑, 밉던 곱던 마다하지 않고 품에 안아주는 사랑, 고향같이 너그러운 사랑은 순결하고도 고귀한 것이며, 이러한 사랑은 부모 아닌 자에게서는 도저히 이어받을 수 없는 것이다. 부모로부터 이러한 사랑을 이어받은 사람은 사랑으로 충만된 마음을 간직하고 있어서 언제나 진실되고 참된 사랑을 한다.

감동과 흐뭇한 미소를 지을수 있는 행복한 말

제 부모를 사랑하는 자는 감히 남을 미워하지 못하고,
제 부모를 공경하는 자는 감히 남을 업신여기지 않느니라. <공자>

세상에 존재하는 모든 이들은
나를 존재시키는 조건이다

● ● ●

모든 것은 제 위치에 있을 때 가장 아름답다. 내가 조금 편해져야겠
다고 자리를 잡으면 누군가에게 그만큼의 고통이 가해지기 시작하
고, 나의 편리함만을 생각해서 내 위치를 벗어나면 다른 위치에서 최
선을 다하고 있는 이들에게 선의(善意)의 희생을 강요하게 된다.

해뜰 무렵, 풀잎에 영롱한 물방울들이 매달려 있었다. 모든
물방울들이 자신의 위치를 지키며 평화로운 가운데 태양이 솟
아오르기만을 기다렸다.

그런데 맨 위에 매달려 있던 물방울이 힘들다는 핑계로 아래
물방울의 입장은 생각해 보지도 않은 채 미끄러져 내려갔다.
두 번째에서 평화롭게 매달려 있던 물방울은 영문도 모른 채
위의 물방울의 몫까지 떠맡게 되었다. 갑자기 몸이 두 배로 불
어난 두 번째 물방울은 자신의 몸을 지탱하기 위해서 안간힘을
써보았지만, 얼마 견디지 못하고 자신의 의지와는 상관없이 미

끄러져 내려갔다.

　세 번째에서 아무런 걱정없이 매달려 있던 물방울은 자신의 몸보다 두 배나 더 되는 물방울을 얼떨결에 안았다. 세 번째의 물방울도 자신의 위치를 벗어나지 않기 위해서, 또 네 번째에 있는 물방울에게 피해를 주지 않기 위해서 사력을 다했지만 결국은 감당하지 못하고 미끄러져 내려갔다.

　네 번째 물방울부터는 위의 물방울들이 합쳐지자마자 지탱해 볼 겨를도 없이 미끄러져 내려갔다. 결국 풀잎에 매달려 있던 모든 물방울들은 찬란한 태양이 떠오르는 것을 보지도 못한 채 땅바닥으로 미끄러져 내렸다.

　내가 존재하기 위해서는 타인들이 존재해야 하고, 내가 편하기 위해서는 타인들이 편해야 한다. 세상에 존재하는 모든 이들은 나를 존재시키는 조건이며, 내가 지금 내 위치를 지킬 수 있는 것도 제 위치에서 최선을 다해 주고 있는 타인들의 덕분이다. 따라서 그들을 불편하게 만들어 놓거나 그들의 존재를 무시하는 것은 곧바로 자신의 존재를 위태롭게 하는 것이다.

　내가 아무리 편하려고 노력해도 타인들이 편하지 않으면 그것은 불가능한 일이다. 내가 아무리 잘살려고 발버둥쳐도 타인들이 도와주지 않으면 불가능한 일이다. 내가 편하고 잘살기 위해서는 모든 이들을 제 위치에 있게 해야 하고, 또 내 몫을 떠넘기지 않아서 그들의 희생을 강요하지 말아야 한다. 아무리 하찮은 것이라 하더라도 제 위치를 지킬 때 모든 것은 순리대로 되어 가고, 나의 존재도 위협을 받지 않게 된다.

감동과 흐뭇한 미소를 지을 수 있는 행복한 말

너 자신을 누구에겐가 필요한 존재로 만들라.
누구에게든 인생을 고되게 만들지 말라. <에머슨>

세상은 지식보다도
지혜로 살아야 한다

● ● ●

현재의 편리함만을 생각하여 흐르는 물 떠다 먹기를 즐겨하면 장마
에는 흙탕물을 먹어야 하고 가뭄에는 목말라야 한다. 하지만 현재의
고통을 투자해서 좋은 샘을 파 놓으면 장마 때나 가뭄 때나 물 걱정
을 하지 않아도 된다. 이것이 바로 지혜이다.

즉위한 지 며칠 안 된 임금이 백성들의 생활상의 파악해 보
기위해서 어느 시골 마을에 가게 되었다. 마을에 도착해 백성
들의 생활상을 보니 궁궐에서 생각했던 것과는 다르게 비참하
기 그지없었다. 그래서 임금은 마을 백성들을 위로해 주기로
마음먹고 그들에게 바가지를 하나씩 나누어 주면서 '너희들이
원하는 것을 이 바가지에 담아 오면 그것의 10배를 주겠노라'
고 약속했다.

마을 백성들은 제각기 원하는 물건들을 가지고 나와서 약속
대로 자신이 가지고 온 물건의 10배를 받아서 돌아갔다. 그런

데 한 청년은 빈 바가지를 들고 나왔다.

이상하게 생각한 임금이 그 청년에게 물었다.

"너는 가지고 싶은 것이 없느냐?"

그러자 청년은 임금님께 간청을 하였다.

"임금님, 저는 이 그릇에 지혜를 받아가려고 아무것도 담아 오지 않았습니다. 저에게 세상을 살아가는 지혜를 듬뿍 담아 주시옵소서."

이 말을 들은 임금은 감탄하여 수행한 신하들에게 명하여 청년에게 세상 사는 지혜를 골고루 가르쳐 주게 했다.

임금으로부터 자신이 원하는 것들을 받아서 돌아온 마을 백성들은 그 물건을 소비하는 동안은 행복하게 지냈지만, 그 물건들을 모두 소비하고 나서는 다시 비참해졌다. 그에 반해 임금으로부터 지혜를 듬뿍 받아 온 청년은 지혜를 이용하여 전보다도 월등히 나온 생활을 영위했다.

◇ ◆ ◇

그물에 의하여 잡힌 고기를 챙기는 대신에 고기 잡는 그물을 챙기는 것이 지혜이다. 한 끼니의 포만감을 위해서는 그물에 의하여 잡힌 고기가 더 나을지 몰라도, 목숨이 다하는 날까지 고기 반찬을 먹기 위해서는 고기 잡는 그물이 더 필요한 것이다.

세상은 지식보다도 지혜로 살아야 한다. 쌀이 없어도 배를 굶기지 않게 하는 것도 지혜이고, 낫 놓고 기역자도 모르는 이에게 세상을 원만하게 살아갈 수 있도록 하는 것도 지혜이며, 함정에 빠졌을 때 빠져나올 수 있도록 하는 것도 지혜이기 때문이다.

세상은 물질을 많이 소유한 자의 것이 아니라 지혜를 많이 가진 자의 것이고, 세상을 가치있게 살아갈 수 있도록 이끄는 것도 지혜이다. 또 물질이 우리에게 주는 도움은 유한(有限)적이지만 지혜는 생명이 유지되는 한 영원히 도움을 준다. 따라서 우리는 일시적인 물질보다도 영원히 마르지 않는 지혜를 얻는 데 눈을 돌려야 한다.

감동과 흐뭇한 미소를 지을수 있는 행복한 말

지혜는 운명의 정복자이다. <유베날리스>

자식이 효도하고자 하나
어버이가 기다려주지 않는다

● ● ●

창고가 비어 굶주려도 자식만은 굶기지 않았다. 땔감이 없어 군불을
지필 수 없어도 자식만은 찬 데 재우지 않았다. 옷이 없어 해어진 옷
을 입어도 자식만은 해어진 옷을 입히지 않았다. 집이 낡아 비가 새
어도 자식만은 젖은 데 누이지 않았다.

택시를 타고 가고 있었다. 터미널 앞을 통과하다가 큰 보따리
를 가지고 택시를 잡기 위해서 서 계시는 할머니를 발견한 택
시 기사가 "죄송합니다만, 저 할머니 좀 합승해 드리면 어떻겠
습니까?"하고 정중히 양해를 구해왔다. 나는 선뜻 승낙해 주었
다. 그러자 기사 아저씨는 할머니를 행선지도 묻지 않은 채 태
워드렸다.

택시에 탄 할머니는 고맙다는 말과 함께 미아리까지 간다고
하셨다. 다행히도 나와 행선지가 비슷했다.

미아리까지 오는 도중 기사 아저씨는 할머니께 정감어린 대

화를 나누어 주었다. 마치 자신의 부모를 대하듯이 따뜻한 대화를 나누어 주었다.

이런저런 대화를 하는 가운데 택시가 미아리까지 왔다. 그때 할머니는 내릴 준비를 하면서 말했다.

"기사 양반, 저 육교 밑에 내려 주세요."

"할머니 댁이 어디신데요?"

"우리집은 복지회관 앞인데 택시 들어가기가 곤란해요. 그러니 여기서 내려 주세요."

"할머님 댁까지 모셔다 드릴 테니 길만 가리켜 주세요."

할머니는 자꾸만 내려달라고 했지만, 기사 아저씨의 간절한 부탁에 꼬불꼬불한 골목길을 올라가서 할머니 집앞까지 갔다. 친절한 기사 덕분에 집앞까지 택시를 타고 온 할머니는 요금에 천원을 더 얹어 주면서 말했다.

"기사 양반, 고마워요. 복 많이 받아서 잘 사세요."

그러나 기사 아저씨는 "이 돈은 할머님 용돈이나 하세요."하면서 거절하고는 다시 돌아 내려왔다.

기사 아저씨의 이러한 친절에 나는 이상해서 물어보았더니, 기사 아저씨는 눈시울을 붉히며 말해 주었다.

"저는 불효하여 부모님을 돌아가시게 했습니다. 그래서 부모님께 효도해 드리지 못한 것이 늘 마음에 걸리고 가슴이 저며

옵니다. 저는 모든 할머니, 할아버지를 보면 친 부모님같이 생각되고, 그래서 제 부모님께 효도해 드리지 못한 것을 그분들께 대신 해드리고 싶어서입니다."

◇ ◆ ◇

젊어서나 늙어서나, 자나 깨나, 옆에 있으나 멀리 떨어져 있으나 오직 자식 잘되기만을 소원으로 삼고 계시는 당신! 당신의 입에 먹을 것 들어가는 것보다 자식의 입에 넣을 때 더 흐뭇해하는 당신! 당신 몸 아플 때보다도 자식이 아플 때 더 속상해하는 당신! 이러한 당신의 눈에 이슬 맺히게 하는 자는 도대체 어느 몸에서 태어났을까요?

우리의 부모님들은 자식을 낳아서 완전한 사람이 될 때까지 자신의 몸을 깎아내서 만들어 준다. 당신의 행복과 편안함보다는 자식의 행복과 편안함을 항상 앞세우며, 당신의 몸이 희생되는 것은 참을 수 있어도 자식의 몸이 희생되는 것은 눈뜨고 보지 못한다. 이처럼 희생적이고도 큰 사랑은 당신의 피붙이라는 이유 하나 때문이며, 이러한 희생에 대하여 당신들이 바라는 것은 없다.

그에 대해서 자식들은 어떤가? 부모들의 희생을 당연한 도리라고 가치없이 매도해 버리고, 부모님이 고생하는 것은 당연해도 자신들이 고생하면 안 된다고 하며, 자신이 잘된 것은 부모님의 덕분이 아니라 자신들 스스로가 잘나서 그렇다고 생각하여 부모님을 가치없이 여기고 배신 행위까지 서슴지 않는다.

자식들이 이렇게 배신(불효)하는 순간에도 우리 부모님은 자식을 원망도 미워도 하지 않고, 오직 자식 잘되기만을 소원으로 삼고 계신다. 또한 우리 부모님은 배신한 자식까지도 안을 수 있는 사랑의 자리를 언제나 마련해 놓고 계신다. 이러한 부모님께 효도는 하지 못할망정 배신만은 하지 말아야 자식된 자가 취해야 할 최소한의 도리가 아닐까요?

감동과 흐뭇한 미소를 지을수 있는 행복한 말

천하의 모든 물건 중에서 내 몸보다 더 소중한 것은 없다.
그런데 이 몸은 부모가 주신 것이다. <이이>

자랑거리가 있을 때
더욱더 겸손하게 처신하라

● ● ●

삶은 잘되는 시기와 못되는 시기가 번갈아 오며, 어느 것 하나라도
지속되는 것은 없다. 따라서 남이 잘못되었을 때 비웃거나 자신이 잘
되었을 때 자랑을 늘어 놓으면, 그 반대의 상황이 되었을 때 감당할
수가 없게 된다.

　부잣집으로 딸을 시집 보내 놓은 친정 엄마가 '우리 딸 부잣
집으로 시집 잘 갔다'고 만나는 사람마다 붙들고 자랑을 하고
다녔다. 그 사실을 알고 있는 주위 사람들이나 자랑을 들은 사
람들은 그 딸을 매우 부러워했다.

　이렇게 친정 엄마의 자랑이 그칠 줄 모르고 계속되고 있는데,
시집 잘 갔다고 입에 침이 마르도록 자랑을 했던 바로 그 딸이,
결혼한 지 두 달도 못되어 이혼을 하겠다는 전화 연락이 왔다.

　그러자 친정 엄마는 딸을 타일렀다.

　"얘, 만나는 사람들마다 붙들고 자랑을 해 놓았는데 이제 와

서 이혼을 한다면 내 꼴은 어떻게 되니? 엄마 체면을 생각해서라도 네 남편이 하자는 대로 하면서 꾹 참고 살거라.”

친정 엄마는 딸의 전화를 받고 난 이후부터는 시집간 딸 자랑을 일체 하지 않았다. 딸이 시집 잘 간 것을 알고 있는 사람들이 먼저 물어와도, “잘 가기는요, 그냥 그렇죠.”하면서 얼버무렸다.

이혼하지 말라고 신신당부해 놓은 딸이 며칠 후 이혼을 하고 친정집으로 돌아왔다. 친정집에서는 이 사실이 들통나 망신당할까봐 다른 사람들의 눈에 띄지 않게 딸을 방안에 숨겨 두었다. 그리고서는 집을 급히 처분하고 아는 사람이 없는 곳으로 이사를 갔다.

자랑거리가 없을 때보다도 자랑거리가 있을 때 더욱더 겸손하게 처신하는 것이 세상 살아가는 지혜다. 그렇지 않고 경솔하게 자랑을 해 놓으면 그 반대의 상황이 되었을 때 몸을 숨길 곳이 없어진다. 자신의 처지가 잘못되었을 때 몸을 숨기기 위해서 이곳저곳을 기웃거려야 하는 것도 자신의 처지가 잘되었을 때 경솔하게 처신해 놓은 어리석음의 대가이다.

타인들에게 늘어 놓는 자랑은 타인들의 입장에서는 자신들을 무시하는 것으로 받아들인다. 한쪽이 우월감을 나타내면 다른 한쪽은 상대적으로 열등감을 느껴야 하기 때문이다. 내가 하는 자랑이 타인들의 귀에 거슬리는 이유도 여기에 있고, 자랑에 대하여 타인들이 보여 주는 시기심도 자랑거리가 없어지기를 바라거나 역으로 당하기를 바라면서 상대적으로 떨어졌던 가치를 끌어올리려고 하는 데서 일어나는 심리적 표현이다.

타인들은 비위에 거슬리는 말에도 등을 돌리지만 자랑하는 말에도 등을 돌린다. 자랑을 늘어 놓는 순간, 자랑거리가 없는 상대방은 상대적 열등감과 소외감을 느껴 스스로 등을 돌리는 것이다. 자신이 잘되면 잘될수록 타인들이 오히려 경계하고 멀리하는 것도 그들 스스로 상대적 열등감과 소외감을 느끼기 때문이다.

감동과 흐뭇한 미소를 지을수 있는 행복한 말

자기 자신에 대해서는 좋게도 나쁘게도 말하지 말라.
좋게 말하면 믿어 주지 않을 것이고,
나쁘게 말하면 남들은
그대가 말한 이상으로 나쁘게 생각할 것이다.
그러므로 제일 좋은 것은
자기에 대해서는 아무말도 하지 않는 그것이다. <존 러스킨>

정신이 살아 있는 자에게는
얼마든지 밝은 미래가 약속된다

• • •

생선 썩은 냄새가 아무리 고약하다 한들 불과 몇 걸음만 물러나면 맡아지지 않는다. 사람의 정신이 썩으면 비록 냄새가 풍겨지지는 않아도 거기에서 나오는 불쾌감은 천리 만리까지 퍼져 나가 모든 사람들이 될 수 있는 대로 멀리 멀리 피한다.

외출 중에 화원 앞을 지나다가 화분에 심어져 있는 나무가 너무나 좋아 보여서 하나 사 가지고 들어왔다. 계절에 관계없이 아름다운 잎을 자랑하는 나무라기에 책상 위에 올려 놓고 공부하다가 잠시 바라보곤 했다.

그런데 며칠 후부터 그 예쁘던 잎들이 하나 둘 떨어지기 시작했다. 처음에는 갑자기 환경이 바뀌어 그렇겠거니 하고는 별로 신경 쓰지 않았다. 그러나 잎은 자꾸만 떨어져 마침내는 앙상한 가지만 남아 버렸다. 속이 상해서 당장 내다 버릴까 하다가 뿌리가 살아 있을지도 모른다는 실낱같은 희망을 가지고 물을 가끔씩 주었다.

겨울이 지나고 봄이 되었을 때, 앙상하기만 하던 가지에서 새싹이 돋아나오기 시작했다. 기쁜 마음에 정성을 다했더니 늦은 봄쯤에는 사 올 때의 본 모습을 되찾았다.

몸에 상처가 나는 것쯤은 괜찮다. 주머니가 며칠 비어도 괜찮다. 생명이 끊기지 않을 정도의 굶주림도 괜찮고, 중요한 부분만 감출 수 있으면 허름한 옷도 괜찮다. 마음속에 정신만 살아 있으면 다 아물고 다 채워진다.

나무에서의 핵심은 뿌리이듯이 인간에게서 핵심은 정신이다. 나뭇잎이 다 떨어졌어도 뿌리만 살아 있으면 다시 잎을 내미는 것처럼, 또 뿌리만 살아 있으면 나뭇잎 몇 잎 떨어지는 것쯤은 대수롭지 않은 것처럼, 인간도 정신만 살아 있으면 잃은 것을 다시 얻을 수 있고, 정신만 살아 있으면 물질적인 것을 좀 잃는 것은 대수롭지 않다.

하지만 정신을 빼앗기면 모든 것을 다 빼앗기는 것이고, 육신조차도 쓸모없게 만들어 놓는다. 정신을 차리면 호랑이에게 물려가도 살아나올 수 있지만, 정신이 죽으면 방안에 편안히 누워있어도 시체다. 그렇기 때문에 외부의 시련과는 무관하게 정신을 지킬 수 있다는 것은 위대한 일인 것이다.

정신이 살아 있는 자에게는 얼마든지 밝은 미래가 약속된다. 살아 있는 정신은 마음먹기에 따라 잃었던 것을 다시 찾아 주고, 새로운 것을 얻게 해 준다. 또 살아 있는 정신은 거센 물결을 포용하는 댐과 같아서 아무리 큰 시련도 감싸주었다가 새 출발할 수 있는 힘을 뿜어내 준다.

감동과 흐뭇한 미소를 지을수 있는 행복한 말

나의 목숨은 네가 빼앗아도
나의 정신만은 빼앗지 못하리라. <김구>

인간은 누구나 권력을 쥐면
그것을 남용하는 경향이 있다

• • •

권력은 땅에 심어져 있는 꽃이 아니라 화병 속에 꽂힌 꽃과 같은 것이다. 따라서 권력을 무자비하게 휘둘러대는 것은, 피어서 며칠을 가지 못하는 화병 속의 꽃이 땅에 심어져 있는 꽃을 조롱하는 것과 같은 어리석음이다.

새로 즉위한 임금이 모든 신하들에게 하나씩 나누어 주었다. 그런데 그 권력은 한번만 사용하면 없어지는 것이었고, 권력이 없어지면 당연히 공직에서도 추방되어야 했다.

어느 한 신하에게 큰 이익(재산)이 나타나 갈등이 생기기 시작했다. 권력을 사용하면 당연히 얻을 수 있었기 때문에, 이익을 버리고 권력을 가지고 있어야 할지 권력을 버리고 이익을 챙겨야 할지에 대해서 갈등을 겪어야 했던 것이다.

며칠을 두고 갈등을 겪은 그는, 그 이익만 얻어 놓으면 권력이 없다 해도 평생을 아무런 걱정없이 생활할 수 있을 것이라는 결론을 내리고 하나밖에 없는 권력을 사용해서 그 이익을 얻었다. 권력을 사용한 순간 그는 권력을 잃었고 당연히 공직에서도 추방되었다.

공직에서 추방된 그는 권력을 휘둘러서 얻은 재산을 가지고 한적한 곳에 가서 마음 편하게 살았다. 하지만 그러한 생활도 잠시, 그 재산은 얼마 가지 않아서 다른 신하의 권력에 의하여 빼앗기고 말았다. 권력을 잃은 데다 재산까지 빼앗긴 그는 누추한 집에서 겨우 목숨만 부지하며 생활해야 했다.

권력을 이용해 빼앗았던 이익을 다시 빼앗은 또다른 신하는, 얼마 후 또다른 권력에 의하여 빼앗겼고, 그 이익은 다른 권력에 의하여 연쇄적으로 빼앗겼다. 결국 그 이익 하나가 많은 신하들의 권력과 공직을 빼앗아 갔다.

한번 휘둘린 권력은 몸을 떠난다. 따라서 권력을 많이 휘둘러 놓으면 놓을수록 쇠잔해져서 뒤에 오는 권력에 의해 지배당하고, 권력이 있을 때 얻어 놓은 이익은 권력이 없어지면 자신을 해치는 원인이 되어 버린다.

권력이란 허무한 것이다. 잡고 있는 동안은 청춘이지만 놓치면 노인이고, 잡고 있는 동안은 봄이지만 놓치면 겨울이며, 잡고 있는 동안은 날카로운 칼이지만 놓치면 무뎌진 칼이고, 잡고 있는 동안은 자신을 보필하지만 놓치는 순간 배신해 버리는 것이 권력인 것이다.

자신이 휘두른 권력에 의하여 역으로 당하지 않기 위해서는 권력 보기를 마약 보듯 해서 경계해야 한다. 마약 중독자에게 마약이 공급되지 않으면 무덤을 찾아야 되는 것처럼, 권력을 무자비하게 휘둘러 대단 자에게 권력이 따라주지 않으면 숨을 곳을 찾아 다녀야 한다.

감동과 흐뭇한 미소를 지을수 있는 행복한 말

사람은 가장 높은 정상까지 기어오를 수는 있으나,
그곳에서 오래 살 수는 없다. <B쇼>

매는 먼저 맞을수록
좋다

● ● ●

피하지 못할 고통을 미루어 두는 것은 고통을 줄이는 것이 아니라 착
착 쌓아 두는 것이다. 피하지 못할 고통은 고통을 지불함으로써만 없
앨 수 있기 때문에 고통을 빨리 받아들이면 받아들일수록 그만큼 고
통을 줄이는 것이다.

어느 초등학교에 보건소에서 뇌염 예방주사를 놓으러 왔다. 간
호사를 보는 순간부터 어린 학생들은 몸을 도사리기 시작했다.
간호사가 주사기를 꺼내들자 학생들은 더욱더 몸을 도사렸다.

간호사가 주사기에 약을 채운 다음 학생들에게 말했다.

"자, 먼저 맞을 사람 나와 보세요."

그러나 어린 학생들은 두려운 표정을 지으며 고개를 저었다.

학생들이 부들부들 떨면서 주사 맞기를 거부하자, 선생은 학
생들에게 통로로 나와서 줄을 서라고 했다. 그러나 어린 학생
들은 뒤로만 몰려갔을 뿐 앞에 서는 학생은 한 명도 없었다.

화가 난 선생은 "자, 그럼 번호 순으로 맞겠어요."하면서 차례대로 번호를 불렀다.

선생이 번호를 부르자 학생들은 피하지 못하고 주사를 맞았다.

앞번호 학생들이 주사를 맞고 있을 때 뒷번호 학생들은 주사를 맞는 당사자보다도 더 두려움에 떨었다. 한 학생 한 학생의 팔뚝에 주사기를 꽂을 때마다 그것을 보고 있던 학생들은 주사를 맞는 당사자보다 더 아픈 표정을 지으며 두려워했다.

그때 맨끝 번호인 학생이 앞으로 나오며 말했다.

"선생님, 저부터 맞게 해 주세요."

"왜 먼저 맞으려고 하는 거니?"

"주사를 한 대만 맞고 싶어서예요."

그 말을 들은 선생은 이해가 가지 않아서 다시 물었다.

"그럼, 예방주사를 한 대씩만 맞지 두 대씩 맞는다는 거니?"

그러자 그 학생은 선생을 어리둥절하게 하는 대답을 했다.

"앞번호의 학생들이 주사를 맞을 때마다 그들과 똑같이 주사 맞는 고통을 느껴야 합니다만, 먼저 맞아 놓으면 그 고통을 겪을 필요가 없거든요."

◇ ◆ ◇

어차피 겪어야 할 고통이라면 피하지 말고 부딪히는 것이 고통을 최소화하는 길이고, 고통을 가장 빨리 없애는 비결은 피해가는 것이 아니라 밟고 가는 것이다. 없애지 않고 피한 고통은 계속해서 새끼를 치기 때문에 한 개의 고통을 없애지 않으면 나중에는 여러개의 고통과 투쟁을 해야 한다.

고통 자체보다도 더 큰 고통은 지나치게 의식하고 두려워하는 것이다. 고통과 정면으로 부딪히면 그 고통만을 겪게 되지만, 고통을 피하기 위해서 몸을 도사리면 고통 자체에 대한 고통에다 고통에 대한 두려움의 고통까지 추가되어 이중으로 겪어야만 한다.

고통은, 그것을 순순히 받아들이는 자에게는 별다른 고통을 주지 않지만 지나치게 두려워하고 꽁무니를 빼는 자에게는 혹독한 대가를 안겨 준다. 따라서 고통의 지불없이는 그 어떤 수단에 의해서도 극복할 수 없는 고통이라면 순순히 받아들이는 것이 고통을 최소화할 수 있는 길이다.

감동과 흐뭇한 미소를 지을수 있는 행복한 말

고통의 지불없이는 아무것도 시정되지 않고
아무것도 끝나지 않는다.
우리는 다른 이의 고통 속에서 태어났고
우리 자신의 고통 속에서 죽기 때문이다. <F. 톰슨>

제3장
삶을 여는 소중한 지혜

나를 볼 줄 알면 나에게 무엇이 가치있고 무엇이 가치 없
는가를 명확하게 구분할 수 있어서 나에게 가장 이롭고
가치있는 것들을 보탤 수 있게 된다.

맑은 물엔
고기가 살지 않는다

● ● ●

대인관계를 원만히 유지하기 위해서는 반쯤 바보가 되어야 한다. 옳은 것을 보면 외면하는 대신 그른 것을 보면 오히려 호감을 가지고, 정확하게 하면 꼬장꼬장한 사람이라고 비웃는 대신 대충대충 넘어가면 좋은 사람이라고 칭찬하는 모순된 이기심까지 충족시켜야 하기 때문이다.

행동이 바르고 성격이 곧으며, 약속을 철저히 지키고 불의를 보면 참지 못하는 그야말로 성인 군자같은 풍모를 가진 사람이 있었다. 이와 같은 풍모를 가졌음에도 불구하고 그는 거만하게 굴거나 잘난 체 하지 않았다. 그런데도 그에게는 친구가 없었다. 친구들에게 특별히 잘못한 것도 없고 기분 언짢게 대해 준 적도 없는데 친구들이 하나 둘 떠나갔고, 새로운 친구도 생기지 않았다.

어느 날 그는 처세에 관한 책을 읽다가 '사람이 너무 잘잘못을 따지게 되면 대인관계에 실패한다'는 구절을 발견하게 되었다. 순간 그는 자신에게 친구가 없는 것은 자신의 행동이 너무나 곧고 정직하였기 때문이라는 것을 깨달았다. 그리하여 그는 자신의 행동을 바꾸기로 마음먹고 즉시 실행에 옮겼다.

약속이라면 철저하게 지키던 사람이 일부러 약속 시간을 어겼고, 다른 사람이 약속을 지키지 않으면 화를 냈던 것을 바꾸어 약속을 어겨도 화를 내지 않았다. 또 술을 먹고 술주정도 좀 부리고, 친구 돈도 꾸어서 모른 체 넘어가기도 하고, 불의를 보면 참지 못하던 사람이 친구로부터 조금 당해도 어리숙하게 참아 주면서 모든 행동을 전과는 반대로 했다. 이렇게 한 지 한 달 정도 지나자 친구가 하나 둘 생기기 시작했다.

장사꾼에게 이익을 주어야 친구가 될 수 있고, 벌에겐 꿀을 주어야 친구가 될 수 있으며, 대인관계에서는 마음을 주어야 친구가 될 수 있다. 자신이 먼저 위해 주기 전에 상대방이 먼저 위해 주기를 바라고, 자신의 어려움에는 상대방의 도움을 받으면서 상대방의 어려움에는 무관심하고, 자신은 타인을 위해서 베풀지 않으면서 타인은 자신의 뜻대로 움직여 주기를 바라는 관계에서는 어느 누구나 도망치고 싶어한다.

대인관계에 있어 물질적인 이익의 대립은 서로를 떼어 놓는

역할을 하기 때문에 되도록 피하는 것이 좋다. 만약에 물질적인 이익이 대립된다면 자신의 이익은 엄격히 하고, 타인의 이익은 넉넉히 해줘야 대인관계가 손상되지 않는다. 자신의 이익을 챙기기에만 급급해 하여 잘잘못을 시비하고 이익을 분명히 하게 되면 상대방은 자연히 등을 돌린다.

감동과 흐뭇한 미소를 지을수 있는 행복한 말

물이 지극히 맑으면 고기가 없고,
사람이 지극히 살피면 친구가 없느니라. <명심보감>

자신이 처한 상황에 가치를 부여해 주면
즐거움을 발견해 낼 수 있다

• • •

모든 것이 다 갖추어진 완벽한 삶 속에서만 삶의 즐거움을 맛볼 수
있는 것은 아니다. 완벽한 장면보다도 엔지 장면이 더 웃음을 자아내
는 때가 있는 것처럼 삶의 즐거움은 불완전한 삶 속에서도 얼마든지
발견할 수 있다.

　TV 광고를 만드는 회사에서 촬영해 온 필름을 가지고 편집
작업을 하고 있었다. 단 몇 초의 짧은 시간을 이용해서 최대의
광고 효과를 얻기 위해서는 많은 필름 속에서 엔지 장면은 잘
라내고 잘된 부분만을 모아서 작업을 해야 한다.

　편집팀은 수십 번에 걸쳐 촬영해 온 필름 속에서 자신들이 기
획했던 장면을 찾기 위해서 필름을 세밀하기 훑어보기 시작했
다. 더 잘된 장면을 찾기 위해서 정신없이 보던 중 너무나 재미
있는 엔지 장면을 발견했다. 그러나 편집팀은 다른 장면을 보는
것은 제쳐 둔 채 엔지 장면만을 여러 번 되풀이해서 보았다.

엔지 장면을 되풀이해서 보던 편집부장은 문득 엔지 장면을 이용해서 광고를 만들면 더 좋겠다는 생각을 떠올렸다. 그래서 그는 원래의 기획과는 상관없이 엔지 장면을 이용해 광고를 만들었다. 이렇게 해서 만들어진 광고는 업주와 사장의 결재를 얻어내 방송되기 시작하였는데, 이상하게도 TV에 방영되자마자 폭발적인 효과가 나타났다.

◇ ◆ ◇

삶 자체가 가치를 가져다 주는 것은 아니다. 자신이 처한 삶 (환경)에 먼저 가치를 부여해 주어야 거기에서 새로운 가치를 발견해 낼 수 있다. 그렇기 때문에 황금궁전에 살면서도 삶의 즐거움을 느끼지 못하는 사람이 있는 것이고, 초가삼간에 살면서도 삶의 즐거움을 듬뿍 느끼면서 사는 사람이 있는 것이다.

좋은 환경에 처해야만 삶의 즐거움을 맛볼 수 있다는 어리석은 사고방식이 삶의 즐거움을 쫓아 버리는 이유이다. 황무지도 퇴비를 치고 가꾸면 옥토로 만들 수 있는 것처럼, 아무리 나쁜 환경에 처해도 그 환경을 감사히 받아들이고 가치를 부여하게 되면 삶의 즐거움과 가치를 얼마든지 맛볼 수 있다.

지루하고 가치없는 삶은 환경 자체가 가져다 주는 것이 아니라 스스로가 가치를 부여하지 않음으로써 만들어낸다. 자신이 처한 환경을 가치없는 것으로 무자비하게 매도해 버려 가치를 부여하지 않기 때문에 삶이 지루하고 불만스러운 것이다.

우리는 이 세상에 태어난 자체로 이미 고통의 길에 접어들었다. 따라서 어떤 삶에든 초연해져야 한다. 고통없는 삶은 희구하는 대신에 고통을 최소화하기 위해서 노력하고, 고통이 닥치면 내 삶의 일부분으로 생각하고 마땅히 받아들이는 태도를 가질 때 삶의 즐거움과 가치도 발견해 낼 수 있게 된다.

삶에서 고통을 제거하는 것은 그리 어려운 일이 아니다. 자신이 처한 상황이 그 어떤 것이든 가치를 부여해 주면 고통 대신에 즐거움을 발견해 낼 수 있다. 아무리 엄하고 힘든 군생활에도 가치만 부여하면 사회생활에서는 도저히 맛볼 수 없는 즐거움과 가치를 발견할 수 있는 것이다. 하지만 군생활을 힘들고 고통스러운 것으로 매도하여 가치를 부여하지 않으면 그 고통은 배가 되어 버린다.

감동과 흐뭇한 미소를 지을수 있는 행복한 말

인생이 충분한 기쁨을 가져오지 않는다면,
그것은 오직 그대가
그대의 삶에 만족하지 못하고 있기 때문이다. <톨스토이>

능력이 없다고 해서
정성까지 인색하게 굴어서는 안 된다

● ● ●

우리를 감탄케 하는 것은 모든 것에 앞서 정성이다. 그렇기 때문에 값비싼 돈을 주고 마련한 다이아몬드 반지보다도 정성을 다하여 손수 짠 털장갑이 아름다운 감정을 불러 일으켜 마음을 움직이는 데는 더 나은 것이다.

한 아가씨에게 어렸을 적부터 친하게 지내는 남자 친구가 있었다. 그녀는 결혼할 나이가 가까워지면서부터 그를 친구 사이를 뛰어넘어 결혼 상대자로서 짝사랑하기 시작했다. 그렇지만 남자 친구는 여전히 그녀를 친구 이상으로 대해 주지 않았다.

그래서 그녀는 밤이면 밤마다 어떻게 하면 남자 친구의 마음을 움직여 결혼할 수 있을까 하고 고민하였다. 그러던 끝에 학을 천 마리 접어서 남자 친구의 생일날 주어야겠다는 생각을 떠올렸다.

남자 친구를 생각하면서 한 마리 한 마리 정성스레 접은 학이 천 마리가 되었다. 그녀는 그것을 유리관에 넣어서 남자 친구의 생일날 선물로 주었다. '여기에 담긴 학 한 마리 한 마리에는 당신을 생각하는 나의 마음이 들어있습니다'라는 메모지와 함께.

학 선물을 받으면 감동할 것이라는 그녀의 기대와는 달리 남자 친구의 반응은 냉담하기만 했다. 그리하여 그녀는 또다시 짝사랑의 서러움을 느껴야 했다.

그러한 일이 있은 지 한 달 후, 그녀의 남자 친구는 우연한 기회에 학을 접어 볼 기회를 가지게 되었다. 옆에서 가르쳐 주는 대로 접어보았지만 평소에 생각했던 것과는 달리 쉽지 않았고, 한 마리의 학을 접는 데도 많은 시간과 정성이 필요했다.

순간 그는 여자 친구로부터 받은 천 마리의 학을 떠올렸고, 천 마리의 학을 접는 데는 엄청난 정성이 깃들어 있을 것이라는 생각과 함께 '이만한 정성이 있는 여자라면 나의 배필감으로 충분하다'는 것을 깨달아 여자 친구에게 사랑한다는 신호를 보냈다.

인간에게 혼이 있듯 모든 사물에도 혼이 있다. 따라서 숨 쉬지 않는 사물이라고 해서 대충대충 취급하거나 정성을 들이지 않아서는 안 된다. 잘하고 잘못하고 보다 정성을 들였느냐 들이지 않았느냐가 그것을 받아들이는 입장에서는 중요하게 생각하기 때문이다.

어떤 사물에 정성을 들이는 것은 그 사물에 생명을 불어 넣는 것과 같고, 생명이 있는 사물이 상대방에게 전달되었을 때 감동을 불러일으켜 마음을 움직이는 것은 당연하다.

능력이 없다고 해서 정성까지 인색하게 굴어서는 안 된다. 능력이 부족해서 잘하지 못하는 것은 어쩔 수 없는 일이지만 그렇다고 정성까지 들이지 않는 것은 최소한의 도리도 하지 못하는 것이다. 100일 기도가 이루어지는 것은 기도의 내용에 대한 보답이 아니라 100일 동안 하루도 빼놓지 않고 기도를 드리는 그 정성에 대한 신(神)의 보답이다. 따라서 그 어떤 일에든 100일 기도를 드린다는 태도로 정성을 싣는다면 훌륭한 보답을 얻어낼 수 있을 것이다.

감동과 흐뭇한 미소를 지을수 있는 행복한 말

주는 태도가 주는 물건보다
더 중요하다. <P. 코르네이유>

타인들을 얕잡아 보는 것은
스스로의 함정을 파는 것이다

• • •

한 치 앞을 내다볼 수 없는 것은 우리의 인생이다. 오늘 위기에 처해
있다가도 내일은 더 좋은 상황으로 변할 수 있고, 오늘의 좋은 상황
이 내일은 위기 상황으로 치달을 가능성을 배제할 수 없는 것은 우리
의 인생인 것이다.

거미가 먹이를 잡기 위해서 거미줄을 열심히 치고 있었다. 그
때 어디선가 파리 한 마리가 날아와서는 거미를 약올리기 시작
했다.

"당신은 참 불쌍하군요. 먹고 싶은 음식을 손수 잡아먹는 대
신에 그 거미줄에 걸려드는 먹이만 먹어야 되니 말이에요. 저
는 날개가 있어서 아무 곳에나 날아가서 맛있는 음식들만 챙겨
먹지요."

은근히 약이 오른 거미가 파리에게 대꾸했다.

"그래요. 나는 맛없는 음식들만 먹고 살 테니 당신이나 맛있

는 것 많이 잡아드시고 살이나 포동포동 찌워 놓으세요. 그래야 내가 잡아먹으면 맛있을 테니까요."

이 말을 들은 파리는 화가 치밀어 도 다시 빈정거리기 시작했다.

"이 바보야. 어떤 멍청한 곤충이 그런 거미줄에 걸려드냐. 봉사라면 몰라도. 그리고 걸리면 힘을 이용해서 빠져 나오면 되지, 그렇게 가늘은 줄에 걸렸는데 못 빠져 나오니?"

더 이상 대꾸해 보았자 입만 아프겠다는 판단을 한 거미는 '두고보자'고 다짐하고는 아무런 대꾸도 하지 않았다.

거미와 헤어진 파리는 가고 싶은 곳에 마음대로 날아가서 맛있는 먹이들을 마음껏 잡아 먹었다.

그러던 어느 날 파리는 맛있는 하루살이를 발견하고는 그를 잡아먹기 위해서 정신없이 따라가기 시작했다. '네가 도망가면 어디까지 도망가겠냐'하면서 여유를 부리며 따라가던 파리가 그만 거미줄에 걸리고 말았다. 그런데 그 거미줄은 자신이 며칠 전에 약올렸던 그 거미가 쳐 놓은 것이었다. 눈앞이 캄캄해진 파리는 있는 힘을 다해서 발버둥을 쳐보았지만 도저히 빠져 나올 수가 없었다.

거미줄에 걸린 파리가 빠져나가기 위해서 발버둥치고 있을 때 주인인 거미가 어슬렁어슬렁 걸어 나왔다. 며칠 전 자신을 약올렸던 그 파리가 걸린 것을 확인한 거미는 파리에게 말했다.

"어디 장담하신 대로 하찮은 거미줄에서 빠져나가 보시죠."

위기를 느낀 파리는 거미를 보고는 싹싹 빌면서 살려 줄 것을 호소했다.

"거미님, 저는 먹여 살려야 할 처자가 있는 몸입니다. 제가 죽으면 저의 처자들은 모두 굶어 죽습니다. 다시는 약올리지 않을 테니 딱 한번만 용서해 주세요. 그러면 제가 맛있는 먹이들을 매일 구해다 드리겠습니다."

파리가 울면서 사정했으나 거미는 자신이 당했던 지난날의 일을 생각하고는 훗날 먹기 위해서 거미줄로 꽁꽁 묶어서 창고에 넣어 버렸다.

◇ ◆ ◇

세상에서 나보다 미천한 것이나 얕잡아 볼 존재는 하나도 없다. 하찮다고 생각하는 것이, 또 웅크리고 있는 것이 나보다 약한 존재라고 생각하는 것은 어리석다. 호랑이가 몸을 웅크리는 것은 두려움을 느끼기 때문이 아니라 무언가를 공격하기 위해서이고, 태권도 고단자가 하찮은 싸움에는 기술을 사용하지 않는 것은 더 큰 싸움에 대비하기 위해서인 것처럼, 활개치는 존재보다는 조용히 있는 존재가 더 무서운 존재가 될 때가 있는 것이다.

　유리한 상황이 지속되리라 믿고 타인들을 얕잡아 보는 것은 스스로의 함정을 파는 것이다. 돈이 많다고 떵떵거리며 살던 사람이 하루 아침에 빚쟁이로 몰려 도피 행각을 버리고, 천하를 호령했던 권력이 하루 아침에 수갑을 차고 철장 속에 갇혀 버리는 사건들이 우리 눈앞에 펼쳐지고 있는 것이다.

　우리들이 가진 것 중에서 영원한 것은 하나도 없다. 우리가 가지고 있는 것은 언제 이슬처럼 사라질지 모른다. 대단하다고 여기면서 무자비하게 휘두르고 있는 힘도, 돈 많다고 떵떵거리는 그 으스댐도 언제 역으로 당할지 모르는 것이다. 따라서 반대의 상황이 되었을 때 역으로 당하기를 원치 않는다면 상대방에게 으스대거나 얕잡아보는 행위를 그만 두어야 하고, 약자로 전락되었을 때 몸을 떳떳이 내 놓으려면 강자의 위치에 있을 때 몸을 도사려 놓아야 한다.

감동과 흐뭇한 미소를 지을 수 있는 행복한 말

복이 있다 해도 다 누리지 마라.
복이 다하면 몸이 빈궁해진다.
권세가 있다 해도 함부로 부리지 마라.
권세가 다하면 원수와 서로 만나게 되느니라. <명심보감>

진정한 자유인으로 만드는 것은
정의와 양심뿐이다

● ● ●

작은 것을 얻은 대가로 큰 것을 잃고도 미소를 머금는 어리석은 자가
되지 않기 위해서는 이익을 떠나 정의의 편에 서야 한다. 정의가 설
자리를 잃고 권력자와 돈 있는 자의 손에 농락당하는 것은 작은 이익
에 눈이 어둡기 때문이다.

　조용하기만 했던 어느 산골 동네 부근에 희귀석이 매장되어
있다는 것이 알려지자, 광산업자가 거대한 기계들을 들여와서
채굴하기 시작했다. 다이나마이트 터지는 소리와 돌 자르는 소
리는 하루도 거르지 않고 골짜기 전체를 소음의 도가니로 몰아
넣었다. 이러한 소음은 고요함 속에서만 생활했던 산골 사람들
에게는 엄청난 소음이었다. 이 소음 때문에 어린아이들이 잠을
이루지 못하는가하면 다이나마이트가 터질 때면 가축들까지도
깜짝깜짝 놀랐다.

　견디다 못한 마을 사람들은 광산철거 데모를 대대적으로 벌

이기 시작했다. 그러자 광산업자는 비포장 도로인 기존의 도로를 넓게 확장해서 포장해 주고, 마을 사람들을 위하여 버스도 한 대 사 주겠다고 약속했다. 그리고 광산업자는 이 약속을 곧바로 실행에 옮겼다.

광산업자의 이러한 선심공세에 사생결단을 내겠다는 각오로 데모를 벌이던 마을 사람들은 조용해졌다. 그러나 광산업자의 선심에 소음 자체가 사라진 것은 아니었다. 조그마한 선심에 눈이 어두워 자신들의 권리를 빼앗긴 마을 사람들은 요란한 소음속에서 괴로운 나날을 보내면서도 하소연 한마디 하지 못했다.

울부짖다가도 먹을 것을 던져 주면 조용해지는 동물들처럼, 조그만 이익을 던져 주면 최소한의 자존심조차도 벗어 던지고 자신의 목소리를 죽이는 인간이 되어서는 안 된다. 만물의 영장인 인간이 아무리 이익이 다급하다 하더라도 동물들처럼 가치없는 행동을 해서는 안 되는 것이다.

우리에게 선심으로 베풀어지는 이익은 낚시바늘에 낀 미끼와 같은 것일 뿐 이익 전체는 아니다. 낚시바늘에 미끼를 다는 것이 고기를 잡기 위해서인 것처럼, 우리에게 베풀어지는 작은 이익(선심) 속에는 그것을 미끼로 하여 더 큰 이익을 챙겨 가려는 흑심이 반드시 숨어있다.

당장 눈에 보이는 이익만 가치있는 것은 아니다. 눈앞에 보이는 이익이 당장은 크게 보일지 몰라도 최후에는 정의와 양심만이 가장 큰 이익을 가져다 준다. 그러므로 정의와 양심은 어떠한 일이 있어도 팔지 말아야 한다. 그것을 파는 순간, 자신의 존재는 없어지는 것이고, 자신의 힘찬 목소리는 가슴 속에 묻어 두어야 한다.

우리를 진정한 자유인으로 만드는 것은 정의와 양심뿐이다. 정의와 양심을 잃지 않으면 철창 속에 갇혀 있어도 자유인이 될 수 있지만, 정의와 양심을 잃으면 거리를 자유롭게 활보해도 자유인이 될 수 없다.

감동과 흐뭇한 미소를 지을수 있는 행복한 말

당장 눈을 즐겁게 해 주고
마음을 기쁘게 해 주는 것을
어리석은 사람은 크게 이득을 본 것으로 여긴다.
그러나 깨우친 사람은 그런 것을 물리친다. <회남자(淮南子)>

마음을 얻지 못한 친구관계는
반드시 깨어진다

●●●

가장 단명으로 끝나는 교제는 목적이나 이기심이 개입된 교제이다.
따라서 진실한 친구를 얻기 위해서는 마음 이외에는 아무것도 주지
말아야 하며, 환심을 사기 위해서 물질적인 공세를 취하는 것은 오히
려 친구를 멀리 도망가게 하는 것이다.

고등학교 졸업 후 대학에 가는 것을 포기하고 일찌감치 사업
에 뛰어든 사람이 있었다. 그는 열심히 노력한 결과 몇 년 되지
않아서 남부럽지 않은 중소기업의 사장이 되었다. 그래서 그의
주머니는 돈이 늘 풍부했고, 돈 씀씀이에 있어서도 결코 인색
하지 않았다. 그런 그에게 친구들이 많이 따랐다.

인색하게 굴지 않는 자신에게 친구들이 많이 따르자 그는 더
욱더 열을 올려 돈쓰는 일에 앞장섰다. 술값을 내는 것은 언제
나 그였고, 동창회나 여러 모임에서 돈쓰는 일도 그가 도맡아
했다. 그는 술좌석에만 앉으면 "세상은 돈만 있으면 못할 것이

없다."고 하면서 언제나 돈 자랑을 늘어 놓았다.

그러던 어느 해 갑자기 수출이 중단되면서 그의 회사가 위기에 몰렸다. 창고에는 재고가 쌓여갔고, 종업원들도 하나 둘 회사를 떠났다. 결국 회사는 누적되는 재고와 융자금을 갚지 못해서 부도의 위기에 몰리게 되었다. 하지만 그는 자신이 지난날 친구들에게 베풀어 둔 것이 있었기 때문에 돈을 빌리는 것은 쉬운 일이라고 낙관했다.

그는 자신이 평소에 잘 대해 주었던 친구들에게 전화를 해서 돈 좀 빌려 달라고 부탁했다. 그러나 친구들은 하나같이 돈이 없다는 핑계를 들어 거절했다. 그러자 그는 은행에서 돈을 빌리려는 생각에서 부동산을 가지고 있는 친구들에게 담보 좀 서 줄 것을 부탁했다. 그러나 친구들은 그 부탁마저도 거절했다.

친구들로부터 냉정하게 거절당한 그는 "자식들 말이야, 내가 그렇게도 잘해 줬는데 나를 배신해. 그래 너희들 두고 보자."하면서 이를 갈았다. 그러나 그렇게 한다고 해서 회사의 부도가 막아지는 것은 아니었다. 부도를 막지 못한 그는 회사와 집을 내 주고 단칸짜리 방에서 살아야 했다. 그가 그렇게 어려운 생활을 하고 있는데도 도와주는 친구는 한명도 없었다.

◇◆◇

세상의 모든 일이 돈이면 다 된다는 말은 터무니없는 낭설이다. 돈으로 해결되지 않는 '인간의 마음'이 있기 때문이다. 위의 예화에서 중소기업 사장이 그의 친구들로부터 배신당한 것은 친구도 돈으로 얻을 수 있다고 착각하고 돈쓰는 일에만 정신을 집중시켰을 뿐 마음을 얻으려고는 하지 않았기 때문이다.

마음을 얻지 못한 친구관계는 반드시 깨어진다. 겉으로 친한 체 해주고 충성하는 척해도 마음을 얻어 놓지 않으면 결정적인 순간에 가서는 배신해 버리고 만다. 김일성이 개방을 두려워하는 이유도 바로 북한 주민들의 마음을 얻어 놓지 못한 때문이고, 개방될 경우 주민들이 배신할까 두려워서이다.

친구를 얻기 위해서는 모든 것을 떠나서 마음을 얻어 놓아야 한다. 마음만 얻어 놓으면 장벽이 가로막고 있어도 서로 통하지만, 마음을 얻어 놓지 못하면 눈을 마주보고 있어도 통하지 않는다. 사랑하는 연인들이 서로 자유로움에도 불구하고 끈끈하게 붙어있는 것은 서로 마음을 얻어 놓았기 때문이며, 그들 스스로 마음을 잃지 않는 한 총 칼로도 그들 사이를 갈라 놓지 못한다. 그러나 결혼했어도 상대 배우자와 마음을 얻어 놓지 못하면 그들 스스로 이혼을 택한다.

가장 확실하게 마음을 얻는 방법은, 이기심이 끼지 않는 순수

한 마음을 이용하여 나를 친구의 가슴 속에 정신적 지주로 심어 놓는 것이다. 정신적 지주로 심어 놓으면 내가 있는 장소도, 내가 처한 상황도, 나의 생사(生死) 여부도 문제 삼지 않고 따라주며, 좋은 상황에 처해있을 때보다도 나쁜 상황에 처해있을 때 더 적극적으로 따라주고 도와준다.

감동과 흐뭇한 미소를 지을수 있는 행복한 말

이익을 주기 때문에
친구가 되기 시작한 자는
이익을 얻지 못하면 달아날 것이다. <세네카>

가난은
가장 큰 인생의 스승이다

• • •

자신이 처한 환경을 유리한 쪽으로 이용해야 한다. 자신이 위대해지
느냐 비소해지느냐는 자신이 처한 환경에 의해 지배되는 것이 아니
라, 그 환경을 얼마나 자신에게 유리한 쪽으로 이용하느냐의 여부에
의하여 좌우된다.

어려서 부모를 잃은 고아가 있었다. 그는 신문 배달도 하고,
껌도 팔고, 또 꽃도 팔면서 돈을 벌 수 있는 일이라면 무엇이든
가리지 않고 하면서 하루하루를 어렵게 생활해 나가고 있었다.

15살 때 대입고사가 있는 날이었다. 그날도 그는 돈을 벌기
위해 대학교 정문 앞에서 시험을 마치고 나오는 수험생들에게
시험답안지를 팔았다.

한참을 정신없이 팔고 있는데, 그 대학의 수위 아저씨가 나와
서 다른 곳으로 가라고 쫓았다. 그는 답안지를 대충 챙겨서 다
른 곳으로 피했다가 수위가 들어가자 다시 정문 앞으로 가서

팔았다. 그러나 또 수위 아저씨가 나와서 가라고 쫓았고, 그럴 때면 그 순간만 슬쩍 피했다. 그러기를 몇 번, 수위 아저씨는 아예 지켜서서 팔지 못하게 했다.

결국 그는 많은 시험 답안지를 팔지 못한 채 손해를 보았다. 수위 아저씨의 야속한 행동에 그는 대학 정문을 바라보며 이를 악물었다. '그래 두고 보자. 열심히 공부해서 이 대학의 교수가 되어 이 정문을 떳떳하게 들어가리라'하고.

그 후 그는 낮에는 돈을 벌고 밤에는 열심히 공부를 하였다. 검정고시로 초등학교, 중학교, 고등학교 과정을 통과한 그는 대학교에 장학생으로 입학했고, 대학 졸업 후 국비로 외국 유학까지 갈 수 있었다.

유학을 마치고 돌아온 그는 자신에게 그렇게도 설움을 주었던 대학의 교수가 되었고, 그리하여 그는 떳떳하게 정문을 드나들었다. 이 이야기는 모 대학에 재직 중인 모 교수의 실화이며, 그는 '가난은 나에게 가장 큰 인생의 스승이었다'고 회고하였다.

얼핏 생각하면 좋은 환경에서 성장한 사람이 성공을 더 많이 하고 올바른 삶을 살아갈 것 같지만, 좋지 못한 환경 속에서 성장한 사람도 그에 못지 않게 성공하고 올바른 삶을 살아간다. 그것은 성공자와 실패자가 나오는 확률은 어느 환경에서나 동일하고, 그것을 결정해 주는 것도 환경 자체가 아니라 그 환경을 받아들이는 자가 얼마나 자신에게 유리한 쪽으로 이용하느냐에 달려있기 때문이다.

모든 이들에게 환경(상대적 환경을 의미함. 절대적 환경은 동일하게 주어짐)이 다르게 주어지는 것은 사실이지만, 그것이 우리의 인생을 결정지어 주는 절대적인 것은 아니다. 부잣집에서 태어난 사람은 모두 잘되고, 가난한 집에서 태어난 사람은 모두 못되는 것이 아니라는 사실이 이를 증명한다.

환경은 그저 머물러 있을 뿐 그것이 우리 인생에 적극적으로 관여하여 편(성공자와 실패자)을 가르는 것은 아니다. 편을 가르는 것은 그 환경에 처한 당사자의 의지이며, 어느 누구도 자신의 의지와는 무관하게 환경에 질질 끌려다니다가 성공자와 실패자가 되는 것은 아니다. 따라서 좋은 환경 속에서 성장한 사람이 성공했다면 그것은 환경 덕택이 아니라 스스로의 노력일 뿐이고, 좋지 못한 환경 속에서 성장한 사람이 실패했다면 그것은 환경의 혹독함 때문이 아니라 스스로의 노력이 부족했을 뿐이다.

모든 환경(좋은 환경이든 좋지 못한 환경이든)은 두 갈래의 힘을 암시해 준다. 똑같은 고아라도 위의 실화에서처럼 교수가 되는 사람이 있는가 하면 주먹쟁이가 되는 사람도 있고, 똑같은 소아마비에 걸렸어도 미국의 루즈벨트처럼 대통령이 되는가 하면 거리를 떠돌아다니는 거지가 되는 사람도 있는데, 이것은 환경으로부터 나오는 두 갈래의 힘을 얼마나 자신에게 유리한 쪽으로 이용했느냐의 차이에서 비롯된다.

감동과 흐뭇한 미소를 지을 수 있는 행복한 말

하느님이 너에게
남보다 유다른 시련을 주시는 것은
너를 남보다 유다른 인물로
만들기 위한 것이다. <안현필(영어학자)>

말은 행동을 거느리는
안내자이다

• • •

말[言]과 행동은 자동차의 앞 뒤 바퀴의 관계와 같아서 말이 가는 곳
에 행동도 따라간다. 따라서 말이 성공적이면 행동도 당연히 성공적
이고, 버릇없는 행동은 버릇없는 말로부터 시작된다.

대학교 때 미팅으로 만나서 그동안 친구처럼 지내다가 결혼
한 신혼부부가 있었다. 이들은 결혼하고서도 결혼 전과 마찬가
지로 반말을 하면서 친구처럼 생활했다 주위 어른들이 주의를
주었지만 좀처럼 고치질 못했고, 반말을 하는 것만큼 행동도
조심성이 없었다. 이들은 종종 다투기도 했는데, 그럴 때마다
불손한 말과 불손한 행동을 서슴없이 했다.

이래서는 안 되겠다고 생각한 남편이 부인에게 조용히 제안
했다.

"우리 이대로는 안 되겠어. 서로 반말을 하니까 행동도 경솔

해지는 것 같고 서로가 존경심도 없는 것 같아. 그러니 앞으로는 서로 존댓말을 쓰기로 하자.”

이 제안에 부인도 동의했고, 곧바로 실행에 옮겼다. 존댓말을 하는 것이 처음에는 어색하였고, 또 존댓말을 하다가 반말이 튀어나오기도 했지만 둘은 서로 노력했다.

서로 존댓말을 하면서 생활한 지 한 달 정도 지나자 존댓말을 하는 것에 어느 정도 익숙해졌다. 존댓말이 익숙해지는 가운데 여러 가지 행동도 신기할 만큼의 변화를 가져왔다. 경솔하던 행동이 공손해졌고, 서로 존경심이 솟아나 말다툼을 벌이는 일이 거의 없어졌다. 말다툼이 일어나도 서로 존댓말을 하였기 때문에 싸움은 오래 가지 않았고, 또 남들에 대하여도 품위를 유지할 수 있었다.

‘빨리 밥먹어’라고 소리치는 것과 ‘식사 준비 되었으니까 식사하세요’라고 공손하게 말하는 것과는 하늘과 땅의 차이가 난다. 단순히 말의 의미에서만 차이가 나는 것이 아니라 행동에서도 차이가 난다.

말은 행동을 거느리는 안내자이다. 따라서 말이 공손하면 행동도 공손하고 말이 거칠면 행동도 거칠며, 말이 느리면 행동도 느리고 말이 빠르면 행동도 빠르다. 또 말에 힘이 있으면 행동도 기운차고 말에 힘이 없으면 행동도 힘이 없으며, 언성이 높아지면 심기가 불편해지고 언성이 차분해지면 심기도 가라앉는다.

행동을 바로잡기 위해서는 말부터 바로잡아야 한다. 말만 바로잡으면 힘들여 노력하지 않아도 행동은 자연스럽게 바로잡히며, 말을 바로잡지 않고서 행동을 바로잡는 것은 불가능한 일이다. 공손하게 말하는 자 중에 불손한 행동을 하거나 과격한 행동을 하는 이 없고, 거칠게 말하는 자 중에 공손한 행동을 하거나 온순한 행동을 하는 이는 없다.

감동과 흐뭇한 미소를 지을 수 있는 행복한 말

사람의 마음의 움직임은
말로 말미암아 베풀어진다.
그러므로 말함에 있어 급하고 망녕되지 않게 하면
마음도 따라서 안정된다. <정이>

말도 아름다운 꽃처럼
그 색깔을 지니고 있다

• • •

향기와 아름다움을 가진 말만이 인간의 마음을 감동시킬 수 있고 움직일 수 있다. 추하고 구린내 나는 말은 인간의 마음을 감동시키기는 커녕 모욕감만 불러일으킬 뿐이고, 상대방으로 하여금 마음의 문을 더욱더 굳게 잠그도록 부추긴다.

기말 시험이 며칠 앞으로 다가왔다. 여러 과목 중에 헌법(憲法)의 시험 범위가 너무나 광범위하였기 때문에, 학생들은 어디서부터 어떻게 공부를 시작해야 할지 갈피를 잡지 못하고 있었다.

1학기 종강이 있던 날, 교수님이 들어와서 강의를 시작하려고 할 때 한 학생이 퉁명스런 어조로 말했다.

"교수님, 중요한 것 몇 개만 찍어 주세요."

그 말을 들은 교수님은 "찍어줘, 찍어줘."하면서 그 학생을 노려보다가 대꾸도 하지 않은 채 강의를 진행했다.

학생들 모두는 강의 내용보다는 시험에 관한 무슨 정보가 없을까 하는 기대만 가지고 있었다. 그러나 교수님은 학생들이 기대하고 있는 시험에 관한 정보는 한 마디도 하지 않은 채 강의를 진행했다. 학생들의 속이 타는 가운데 마지막 강의는 끝났고, 교수님은 '그동안 수고들 했다'고 하시며 강단을 내려섰다. 그때 다른 학생이 교수님께 공손한 태도로 말했다.

"교수님, 시험 범위가 너무 광범위해서 어떻게 시험 준비를 해야 할지 망설여집니다. 그러니 중요하다고 생각되시는 것이 있으면 좀 골라 주셨으면 감사하겠습니다."

◇ ◆ ◇

같은 말이라고 해서 그것이 상대방에게도 똑같은 의미로 전달되는 것은 아니다. 똑같은 재료와 연장을 사용해서 만들어도 목수의 기술에 따라 다른 작품이 나오는 것처럼, 말을 전달하는 수단과 방법에 따라 의미가 뒤바뀔 수도 있다.

말은 삶을 살아나가는 최고의 도구이다. 이 도구를 어떻게 사용하느냐에 따라서 자신이 유리해질 수도 있고 위기에 몰릴 수도 있다. 말의 위력은 말 자체의 의미에 의해서보다도 말하는 기술에 의하여 좌우된다. 미묘한 감정을 가진 인간들은 말하는 사람의 전체적인 분위기를 고려하여 말의 의미를 받아들이지 단순히 말 자체의 의미에만 국한시켜 받아들이는 것은 아니기 때문이다.

말은 향기와 아름다운 색깔을 가지고 있어서, 아무리 좋은 말이라 하더라도 그 말에 향기와 아름다움이 포함되어 있지 않으면 그것을 받아들이는 상대방은 감동하지 않는다. 그러나 충고의 말이라도 그것에 인간적인 진실이 실린 향기와 아름다움이 있으면 상대방은 감동되어 흔쾌히 받아들인다.

말에 향기를 더하고 아름답게 하기 위해서는 그 말에 인간적인 진실을 실어야 한다. 말의 의미뿐만 아니라 육체적 표현의 일치, 즉 눈, 얼굴 표정, 입, 손짓 발짓 등에서도 인간적인 진실이 배어나와야 한다. 인간적 진실이 배어나온 말은 원수(적)의 마음도 움직일 수 있고 천냥 빚도 능히 갚을 수 있지만, 거짓과 술수로 위장되어 있어서 추한 모습과 함께 구린내를 내고 있는 말은 최소한의 효과도 거둘 수 없다.

감동과 흐뭇한 미소를 지을 수 있는 행복한 말

진심에서 나오는 말만이
사람의 마음을 움직일 수 있고,
밝은 양심에서 나오는 말만이
사람의 마음을 꿰뚫는다. <윌리엄 펜>

믿음 속에 이기심이 추가되면 될수록
배신감은 더 깊어진다

● ● ●

조심하던 발이 헛딛여졌을 때보다도 믿었던 발이 헛딛여졌을 때 더 큰 상처를 입는 것처럼, 믿었던 사람으로부터 당하는 상처가 더 깊게 패인다. 그렇기 때문에 가장 친했던 사람과 결별하면 가장 무서운 적이 되고, 가장 사랑했던 사람과 이별하면 가장 증오하는 사이가 되는 것이다.

한 병실에 암에 걸린 두 명의 환자가 입원하고 있었다. 한 사람은 모 종교의 포교자였고, 다른 한 사람은 평생 동안 농사만 지은 농부였다. 이들은 만기의 암이었기 때문에 좁은 병실에서 죽을 날만을 기다리고 있었다.

죽음을 얼마 남기지 않은 이들의 행동은 서로 대조적이었다. 농부는 초연한 태도로 명상을 하면서 죽음을 맞이할 준비를 하는 데 반해, 모 종교의 포교자였던 사람은 그가 믿던 교주를 저주하는 기도를 매일 했다.

"당신은 배신자입니다. 내가 그토록이나 정성을 다해 섬겼건만 당신은 나에게 죽음을 내렸습니다. 나는 당신을 저주합니다."

저주의 기도는 하루도 거르지 않고 계속되었으며, 죽음의 날이 다가올수록 저주의 기도는 더욱더 광란스러워졌다.

◇ ◆ ◇

강한 믿음이 강한 배신을 낳고, 믿음의 강도가 깊을수록 배신감도 증대된다. 또 철저하게 믿었던 사람으로부터 배신을 당하게 되면 믿지 않았던 사람으로부터 당하는 배신감보다 더욱더 치욕적이고, 골깊은 원한관계는 별 관심이 없었던 사이에서가 아니라 친분관계였던 사이에서 생긴다.

믿음 속에 이기심이 추가되면 될수록 배신감은 더 깊어진다. 강한 배신감은 강한 이기심에서 비롯되며, 자신이 강하게 바라던 이기심이 충족되지 못하고 가치없이 사라질 때 배신감은 고개를 쳐든다. 따라서 어떤 일에 대하여 강한 배신감을 느꼈다면 그것은 지나친 이기심을 품었다는 증거가 된다.

배신감으로부터 해방되기 위해서는 믿음에 있어 이기심을 가지지 않아야 한다. 아무리 믿었다 하더라도 그 믿음에 이기심이 추가되지 않았거나 대가를 바라지 않았었다면 배신감은 끼어들지 않는다. 자신이 믿은 자체로서만 만족할 뿐 상대방으로부터 아무것도 바라지 않는 마음에 배신감이 끼어들지 않는 것은 당연하다.

자식들의 불효 속에서도 부모들이 배신감을 가지지 않고 오히려 자식 잘되기만을 소원으로 삼는 것은, 자식을 키울 때 그 자식으로부터 그 어떤 대가도 바라지 않았기 때문이다. 만약에 큰 대가를 바라고서 자식을 키웠다면 그 자식이 성장하여 불효를 할 경우, 아무리 부모라 해도 강한 배신감을 가지게 될 것이다.

감동과 흐뭇한 미소를 지을수 있는 행복한 말

은혜는 베푸는 사람의 마음에 따라 평가되는 것,
그것을 베푸는 데 있지 않고
그 마음가짐에 있다. <세네카>

어설픈 초반 승기는
그 전체를 망치기 쉽다

● ● ●

상대방보다 유리한 입장에 있을 때 더욱더 최선을 다해야 한다. 유리한 입장에 있다가 오히려 당하는 것은, 내가 안도하고 있는 순간에도 상대방은 나를 이기기 위해 젖먹는 힘까지 동원해서 죽기 아니면 까무라치기로 덤벼들고 있다는 것을 알아채지 못하기 때문이다.

겨울 스포츠의 꽃인 농구대회가 열리고 있었다. 라이벌끼리의 경기였기 때문에 많은 팬들의 관심을 모았고, 그리하여 관중들도 엄청나게 들어왔다. 그러나 막상 경기를 시작하고 보니 라이벌이었던 두 팀 간의 경기가 일방적인 게임으로 흘러가 전반전을 마친 결과 점수 차는 무려 30점이나 되었다. 일부 실망한 팬들은 후반전은 보지도 않은 채 경기장을 빠져나갔다.

30점을 앞섰던 A팀은 후반전에 임하면서 주전 선수를 모두 빼고 2진 선수들을 기용했다. A팀에서는 2진 선수들로 경기를 끌고 나가다가 점수 차가 좁혀지면 그때 다시 주전 선수를 기용하겠다는 전략이었다. 한편 30점을 뒤지고 있던 B팀은 역전 승을 거두겠다는 굳은 각오로 주전 선수들을 모두 투입해서 총 력전을 펼쳤다.

후반전이 시작되었다. A팀은 지공 작전을 벌이면서 소극적으로 대처한 반면 B팀은 적극 공세를 펼쳤다. 2진 선수들을 투입한 A팀은 작전이 맞지 않아 잦은 미스플레이를 냈다. 그것을 B팀은 놓치지 않고 착실히 점수로 연결해서 후반전 시작한 지 5분 정도 되었을 때 15점 차까지 따라갔다. 점수 차가 점점 좁혀지면서 B팀 선수들의 사기도 더불어 올라갔고, 자신감을 얻은 선수들은 몸에 날개가 달린 듯 펄펄 날으면서 코트를 누볐다.

한편 순간에 15점 차까지 접근당한 A팀의 감독은 당황한 나머지 다시 주전 선수로 교체했다. 그러나 주전 선수들도 B팀의 불을 뿜어내는 듯한 공격을 막아내기에는 역부족이었다. A팀에서는 작전을 바꿔가며 경기에 임했지만 선수들조차도 당황해서 미스플레이만을 거듭했다. 이러한 추세는 계속 이어져 순식간에 역전을 시켜 놓았고, 결국 B팀의 역전승으로 막을 내렸다.

얼핏 생각하면 유리한 입장에 있을 때보다도 불리한 입장에 놓여 있을 때 더 많이 당하는 것 같지만 사실은 그렇지가 않다. 꼬불꼬불한 길에서보다는 반듯한 길에서, 비포장 도로에서 보다는 포장도로에서 교통사고가 더 많이 나는 것처럼, 불리한 입장에 있을 때보다도 유리한 입장에 있을 때 방심하다가 더 많이 당한다.

불리한 입장에 있을 때 허점을 찔리는 것보다도 유리한 입장에 있을 때 허점을 찔리면 더 치명적인 상처를 받는다. 농구경기에서 수비 상태에서 공격을 받을 때보다도 공격해 들어가다가 가로채기를 당할 때 더 쉽게 접수를 잃는 것처럼 말이다.

어설픈 초반 승기는 그 전체를 망치기 쉽다. 자신이 처한 입장과 정신력의 사이에는 반비례 관계가 작용하기 때문에, 유리한 입장에 처할수록 정신력은 그만큼 해이해져 그 전체를 망쳐버리기 쉬운 것이다.

감동과 흐뭇한 미소를 지을 수 있는 행복한 말

방어에 있어서는
상대의 실력을 외관보다 과대평가하는 것이
최상책이다. <셰익스피어>

제4장
자유로운 삶의 선택

> "
>
> '삶이 무엇인가'를 찾기 전에 '나는 누구인가'를 찾아야
> 한다. 나를 정확히 찾으면 삶은 저절로 찾아지고 올바른
> 삶의 길도 찾아낼 수 있다.
>
> "

진정으로 아름다운 것은
마음 속에 감추어져 있다

● ● ●

눈에 보이는 아름다움은 아름다움의 일부일 뿐 전부는 아니다. 진귀
한 보석이 땅 속 깊이 숨어 있듯 진실로 가치있는 아름다움은 눈 뜨
고 볼 수 없는 곳에 숨겨져 있으며, 그것은 눈을 감거나 실물을 보지
않음으로써만 볼 수 있다.

어느 맹학교의 교정이 매우 아름답게 꾸며져 있었다. 정상인
의 감각으로서는 도저히 표현할 수 없을 만큼 아름답게 꾸며져
있었다. 한 방문객이 맹학교의 교장에게 물어보았다.

"맹인들은 보지도 못하는데 왜 이렇게 교정을 아름답게 꾸며
놓았습니까?"

교장이 대답했다.

"정상인들은 우리 맹인들은 아무것도 보지 못한다고 생각합
니다만, 우리는 눈 뜨고 사는 사람들보다 어쩌면 더 아름다운
세계를 보고 있을지도 모릅니다. 이 교정은 우리가 보고 있는

세계를 그대로 옮겨 놓았을 뿐인데 어떻습니까?

◇◆◇

우리는 맹인들을 아름다운 세상을 전혀 볼 수 없는 딱한 존재들로 몰아붙이고 있다. 그러나 그것은 눈으로 보는 아름다움이 아름다움의 전부인양 착각하는 눈뜬 자들의 어리석음일 뿐이며, 맹인들의 입장에서 보면 우리는 그들이 볼 수 있는 세상을 보지 못하는 딱한 존재들이 된다.

실물을 직접 봄으로써 아름다움을 만끽할 수도 있지만 실물을 보지 않음으로써 더 환상적인 아름다움을 만끽할 수 있는 경우가 많다. 실물의 나체보다는 상상 속의 나체가 언제나 아름다운 것처럼 말이다.

실물을 확인함으로써 전에 가졌던 아름다움이 실망으로 뒤바뀌는 경우도 있는데, 그 하나의 예가 달에 대한 우리들의 감정이었다. 인간의 발이 달에 닿기 전에는 달에 대한 동경과 아름다움은 끝이 없었다. 계수나무가 한 그루 있고, 토끼 두 마리가 살 것이라는 희망과 함께 많은 시와 노래가 쏟아져 나왔다. 그러나 달의 실상을 눈으로 확인한 후부터 달에 대한 우리의 감정은 애석하게도 모두 메말라 버리고 말았다.

눈을 뜨고 있다고 해서 아름다운 것을 다 보는 것은 아니다.

진정으로 아름다운 것은 눈으로 볼 수 없는 마음(상상) 속에 감추어져 있다. 따라서 우리는 눈에 보이는 아름다움만 보기 위해서 눈을 뜨는 대신에 눈에 보이지 않는 아름다움을 보기 위해서 가끔씩 눈(상상 속의 눈)을 떠봐야 한다. 그럼으로써 우리는 새로운 세계로 여행을 떠날 수 있고, 눈뜨고 보지 못하는 세상도 볼 수 있게 된다.

감동과 흐뭇한 미소를 지을수 있는 행복한 말

미(美)란 어디에나 있다.
결코 그것이 우리의 눈앞에
존재하지 않는 것이 아니고,
우리의 눈이 그것을 찾지 못할 따름이다. <로맹롤랑>

지나친 과잉보호는
정신을 썩게 하는 독이 된다

• • •

사랑하는 자식에게 호강을 시켜 주는 것은 유쾌한 일이지만, 매를 든
다는 것은 매우 가슴 아픈 일이다. 그렇지만 그러한 마음은 그 자식
이 성장하여 성년이 되었을 때 뒤바뀌어 버리므로 너무 가슴 아파할
필요는 없다.

　대학 주변에서 20여 명의 학생들에게 하숙을 치는 아주머니
가 계셨다. 아주머니는 부모의 품속을 떠나 고생하면서 공부하
고 있는 학생들을 친 자식처럼 생각해서 항상 따뜻하게 대해
주셨다. 그런 아주머니를 하숙하고 있는 학생들도 친엄마처럼
따르며 존경했다.

　그 아주머니에게도 대학에 다니는 아들이 한 명 있었는데, 아
주머니는 아들에게도 꼬박꼬박 하숙비를 받았다. 아들에게서
조차 하숙비를 받는 아주머니의 태도가 이상해서 그 이유를 물
어보았더니, 아주머니는 다음과 같이 대답해 주셨다.

"제가 돈을 벌려는 욕심이 있어서가 아니에요. 부모 곁을 떠나 힘들게 공부하고 있는 다른 학생들을 보고서 내 아들도 무엇인가 깨닫게 하기 위해서예요."

◇ ◆ ◇

자식을 아끼고 사랑하며 남의 자식보다 훌륭한 사람으로 만들고자 하는 생각은 어느 부모나 다 가지고 있지만, 자식을 아끼고 사랑하는 것과 과잉보호를 구별할 줄 아는 부모는 그리 많지 않다. 많은 부모들이 과잉보호를 해야 만이 자식을 사랑하고 아끼는 것이라는 사고방식을 가지고 있어서 자신은 고생이 되어도 자식은 호강시켜야 하고, 자신은 먹지 못해도 자식은 배불리 먹여야 되고, 자신은 누추하게 입어도 자식은 유행하는 옷을 입혀야 한다고 굳게 믿고 자신들의 인생을 온통 자식에게만 바쳐 버린다.

그러나 사랑하는 것과 과잉보호는 구분할 줄 알아야 한다. 사랑이 곧 과잉보호는 아니며, 진정한 사랑 속에는 매(충고)도 포함되어 있다는 것을 깨달아야 한다. 따라서 자식이 잘못했을 때 매를 드는 것은 미워하는 것이 아니라 사랑하는 것이 되며, 반대로 자식이 잘못하는데도 무조건 감싸고 도는 것은 사랑하는 것이 아니라 미워하는 것이 된다.

세상이 험난한 것은 과거나 지금이나 마찬가지고 그것은 생존의 경쟁이기 때문에 어쩔 수 없는 일이다. 또 모든 인간은 태어나면 사회 속에서 살아가야 하기 때문에 부모가 아무리 품속에서 내놓기 싫어해도 자식이 성장하면 당연히 내놓아야 한다. 자식이 귀하다 하여 감싸고 돌다가 성년이 된 다음에야 마지못해서 내놓는 것은 불구자를 사회에 내놓는 것이나 다름없고, 그러한 자식이 사회의 냉엄한 세파에 부딪혀 좌절할 것이라는 것은 뻔한 일이다.

총만 쥐어 주어서 전쟁터에 내보냈다고 해서 적을 격퇴시킬 수 있는 것도 아니고, 야구방망이만 들려 주어서 경기장에 내보냈다고 해서 공을 쳐낼 수 있는 것도 아니다. 싸움에서 이기고, 경기에서 승리하기 위해서는 철저한 연습이 필요한 것처럼, 자식도 삶의 전쟁터에서 꿋꿋이 살아나가게 하기 위해서는 어려서부터 훈련(교육)을 시켜야 하고, 자식이 귀여우면 귀여울수록 더 엄하게 훈련(교육)시켜야 한다.

감동과 흐뭇한 미소를 지을 수 있는 행복한 말

사치로써 자녀를 떠받드는 것은
그 자녀를 사랑하기 때문이다.
그러나 그 사랑이 마침내는
그 자녀를 해롭게 하는 원인이 된다. <이언적>

동병상련의 고통을 겪어보지 않고는
그 심정을 헤아리지 못한다

● ● ●

자신이 실제로 겪어보지 않고서도 그 심정을 헤아린다고 하는 것
만큼 새빨간 거짓말도 없다. 자신은 헤아리고 있다고 장담하지만
여전히 자신의 처지와 입장에서 대충 추측하고만 있을 뿐이기 때
문이다.

　오랜 동안 사귀던 남자로부터 시련당한 아가씨가 있었다. 그
녀는 남자와 헤어진 후 그 충격이 너무나 커서 몇 개월 동안 밥
도 제대로 먹지 못하고, 잠도 제대로 이루지 못하는 고통을 겪
어야 했다. 몇 개월 동안의 방황 끝에 겨우 원래의 모습을 되찾
은 그녀는, 이별의 상처가 너무나 크고 아팠기 때문에 다시는
사랑하지 않겠다고 마음먹었다.

　그러나 운명은 그녀에게 남자를 또 만나게 해 주었고, 다시는
사랑을 하지 않겠다던 그녀는 남자의 친절과 사랑에 어느 정도
빠져 들고 있었다. 그러던 어느 날 그녀는 그 남자에게 또 다른

여자가 있음을 그의 친구를 통해서 알게 되었다.

그녀는 남자를 불러내어 자초지종을 물었다. 이 물음에 남자는 아무렇지도 않은 표정을 지으며 대답했다.

"그녀는 저와 2년 전부터 친구처럼 사귀던 여자입니다. 이제 당신을 만났으니 그 여자와는 헤어지려고 마음먹고 있습니다. 그러니 걱정마십시오."

모든 것이 진실임을 확인한 그녀는 한참 동안 침묵하다가 입을 열었다.

"아니에요, 제가 떠날 테니 그 여자분과 변치 말고 영원토록 사귀세요. 한 여자에게 시련 주는 것을 남자들은 쉬운 일로 생각하실지 모르겠지만 여자가 받는 상처는 너무나 큽니다. 나로 인해서 한 여자가 상처를 받는 것은 원하지 않습니다. 부디 그 여자분과 변치말고 사랑하시길 바라겠습니다. 그동안 너무너무 고마웠습니다."

◇ ◆ ◇

먼저 사귀던 여자에게 상처를 주지 않기 위해서 스스로 떠남을 택하는 그녀가 만약 시련의 고통을 몸소 체험하지 않았더라면 어떻게 행동했을까? 먼저 사귀던 여자가 시련의 상처를 받던 말던 상관하지 않고 계속해서 사귀지 않았을까?

동병상련(同病相憐)의 고통을 겪어보지 않고는 그 심정을 헤아리지 못한다. 이것은 절대적이다. 헤아린다고 해도 그저 그 상황이 되면 가슴이 좀 아프겠지 하는 정도에 그치지, 뼈가 사무치는 듯한 고통을 자신이 직접 겪어보지 않고서 느낀다는 것은 불가능한 일이다. 눈물젖은 빵을 먹어보지 않고서는 인생을 논하지 말라고 하는 것도 그 상황을 겪어보지 않고서는 절대로 그 깊은 심정을 헤아릴 수 없다는 뜻이다.

부잣집 아이에게 '가난'에 대해서 글을 쓰라고 했더니, "옛날에 가난한 집안이 있었다. 엄마도 가난했고, 아빠도 가난했고, 어린애들도 가난했다. 하인도 가난했고, 운전사도 가난했고, 정원사도 가난했다."라고 썼다 한다.

가난한 집안에 무슨 운전사가 있고 정원사가 있는가? 가난하게 살아본 경험이 없는 이 아이가 가난을 자신의 처지에 비추어 느끼고 있는 것처럼, 타인의 고통(심정)을 헤아려 보려고 하는 자도 자신의 처지에 비추어 추측하는 실수를 범하게 될 것이다.

어설픈 짐작으로 타인의 고통을 헤아려 보려고 하지 말아야 한다. 타인의 고통을 헤아려 보려고 해봤자 그것은 헛수고에 머물고, 어설프게 타인의 아픔을 파헤쳐 놓으면 차라리 침묵하고 있었던 것보다도 못한 결과를 낳는다. 따라서 타인의 고통에 대하여 우리가 해야 할 최선의 일은 그저 타인을 도와 주려고만 하고, 타인의 아픔을 덜어 주려고만 하며, 타인을 위로해 주려고만 해야 한다는 것이다.

감동과 흐뭇한 미소를 지을 수 있는 행복한 말

그 사람의 경우에 서보지 않는 한,
그 일에 대해서 이러니 저러니 말하지 말라. <탈무드>

궁지에 몰린 쥐는
고양이도 문다

● ● ●

궁지에 몰린 쥐를 쫓으면 도리어 물리는 것처럼 오기를 바로잡기 위해서 강압적인 방법을 쓰게 되면 걷잡을 수 없는 오기로 진전하게 된다. 오기를 잘 다스려 바른 길로 인도하기 위해서는 인간적 진실에 호소하여야 한다.

소매치기를 하여 열 번째 교도소 생활을 마치고 나오는 한 청년이 있었다. 그는 교도소를 나오면서 '내가 또다시 소매치기를 한다면 내 손을 잘라버리겠다'고 다짐했다.

고아인 그에게는 가족도 재산도 없었기 때문에 당장 생계부터 걱정해야 했다. 그리하여 그는 교도소에서 나오던 날부터 마땅한 일자리를 알아보러 다녔다. 그러나 그는 전과자라는 이유 하나만으로 번번이 거부당했다. 사회의 차가운 눈초리에 오기도 생겼지만, 자신이 지난 날 저지른 행동의 대가라고 생각해서 꾹 참고는 어떻게든 죄짓지 않고 바르게 살아보기 위해서 안간힘을 썼다.

아무리 생각해 보아도 그가 할 일은 혼자서 하는 일밖에 없었다. 구멍가게라도 하고 싶었지만 자금이 없는 그로서는 엄두도 내지 못할 일이었다. 그래서 그가 최후로 선택한 직업은 구두닦이였고, 건물 모퉁이에서 아침 일찍부터 밤 늦게까지 구두를 열심히 닦으면서 생활했다.

열심히 살고 있는 그를 괴롭혔던 것은 생활고(生活苦)가 아니라 주위 사람들의 차가운 눈초리였다. 전과 10범이란 소문이 서서히 퍼지면서부터 사라들은 그를 은근히 피했고, 구두도 닦으려 하지 않았다. 그래도 그는 아랑곳하지 않고 열심히 구두를 닦았다.

하지만 열심히 살아보려는 자신을 믿지 못하는 주위 사람들의 차가운 눈초리는 좀처럼 누그러지지 않았다. 그러자 그의 마음 한 구석에서는 서서히 삶의 회의와 오기가 생기기 시작하였고, 결국에는 다시 소매치기를 하여 교도소로 들어갔다.

교도소로 다시 들어온 청년을 보고, 그를 잘 알고 있던 형사가 물었다.

"다시는 죄짓지 않겠다고 내 앞에서 맹세해 놓고 왜 또 소매치기를 했나?"

그러자 청년이 대답했다.

"사회의 차가운 눈초리를 받고 사느니보다 차라리 죄를 짓고 떳떳하게 교도소 생활을 하는 것이 편해서입니다."

◇◆◇

인간을 선(善)한 인간, 악(惡)한 인간으로 나누는 것은 잘못이다. 모든 인간은 선과 악을 동시에 가지고 태어나서, 따뜻한 감정에 싸이면 선하게 살아가고, 차가운 감정에 싸이면 악하게 살아간다. 따라서 어느 누구나 다소의 악은 가지고 있다. 그 악이 발동되지 않고 있는 것은 따뜻한 감정에 싸여 있기 때문이며, 차가운 감정에 휘말리면 언제라도 발동되어 악을 저지르게 된다.

악을 악으로 풀며 오히려 악화된다. 악은 인간의 따뜻한 감정으로써만 풀 수 있으며, 아무리 강한 악도 인간의 따뜻한 감정에 싸이면 선(善)으로 돌아온다. 인간과 인간을 연결시키는 것은 악이 아니라 선이며, 따라서 잘못된 인간을 우리와 연결시키기 위해서는 악에 대신해서 선을 베풀어야만 한다.

옳지 못한 일이 저질렀다고 하여 옳지 못한 대접을 하게 되면 계속해서 옳지 못한 행위를 하려고 하는 것이 오기이다. 따뜻한 관심 대신에 차가운 눈총을 보내고, 사랑 대신에 미움을 보내며, 미소 대신에 쓴 웃음을 보내고, 신용 대신에 의심을 보내는 데서 오기가 발동되는 것이다. 따라서 오기를 바른 길로 인도하기 위해서는 옳지 못한 일에 오히려 옳은 대접을 해 주는 큰 사랑이 필요하다.

인간적으로 대우해 주면 스스로 나쁜 행동에서 벗어나는 것이 인간의 양심이며, 이러한 양심은 악한 사람이라고 해서 예외가 되는 것은 아니다. 그럼에도 불구하고 악이 끊임없이 저질러지는 것은, 그를 대하는 모든 사람들이 따뜻한 마음 대신에 차가운 눈총을 보내서 양심을 꽁꽁 얼려 놓기 때문이다.

감동과 흐뭇한 미소를 지을 수 있는 행복한 말

사람을 속이는 인간일지라도
진심으로 신뢰를 해 주고,
정직 공정한 인물로서 상대해 주면
좀체로 부정한 짓은 못하는 법이다. <제임스 L 토머스>

정열이 포함된 노력만이
그 대가를 돌려받을 수 있다

● ● ●

부자에게 어떻게 해서 부자가 되었느냐고 묻지 말라. 열심히 일한 덕
분이므로 가난한 사람에게 왜 이렇게 가난하게 사십니까? 하고 묻지
말라. 게을러서 일하지 않았으므로, 성공한 사람에게 어떻게 해서 성
공했느냐고 묻지 말라. 헌신의 노력을 한 대가이므로.

도심에 있는 지하상가에 새로 가게를 낸 사람이 있었다. 영
업시간은 오전 8시부터 오후 10시까지였지만 그는 오전 12시
가 되어서야 문을 열었고, 오후 6시만 되면 문을 닫고 들어갔
다. 그나마 문을 열고 영업을 하는 시간에도 손님이 없으면 문
을 잠궈 놓고 자기 볼일을 보러 다녔다.

이런 식으로 장사를 해서 한 달 후에 결산을 해보니 겨우 가
게세를 낼 정도밖에는 되지 않았다. 그는 장사가 되지 않는 것
은 자신의 나태함 때문이 아니라 장소가 나쁘기 때문이라고 생
각하고는 여전히 거드름을 피웠다. 두 번째 달도 겨우 가게세

만 낼 수 있었고, 세 번째 달도 마찬가지였다.

참다 못한 그는 가게를 옮기기로 마음먹고 관리실로 찾아갔다.

"이 지하상가, 장사가 너무 안 돼서 가게를 옮겨야겠습니다. 그러니 가게를 빼주십시오."

그러자 관리실 아저씨는 벼르고 있었다는 듯이 충고를 했다.

"나는 지금까지 당신같이 장사하는 사람은 이 지하상가를 낸 이래로 처음 보았습니다. 12(오전)시에 나와서 문 열고 6(오후)시만 되면 문을 닫으니 어떻게 장사가 되겠습니까? 그리고 툭하면 가게를 비워 놓으니 장사가 될 리가 있겠습니까? 당신이 어디에 가서 장사를 하더라도 그런 식으로 하게 되면 마찬가지일 것입니다."

그러자 그는 못마땅한 듯한 따졌다.

"여보쇼, 지하상가 자체가 장사가 안 되는 곳이라서 그렇지 왜 내가 잘못해서입니까?"

자신의 나태함은 깨닫지 못하고 지하상가만을 탓하는 그를, 관리실 아저씨는 가게를 빼주겠다고 하고는 돌려보냈다.

'남들 못지 않게 많은 시간을 투자해서 일했는데도 얻은 게 없다'면서 세상을 원망하는 이가 많다. 하지만 많은 시간을 투자했다고 해서 그에 상응하는 대가가 반드시 주어지는 것은 아니다. 모든 일의 대가는 투자한 시간에 비례해서 얻어지는 것이 아니라 얼마나 많은 정열을 쏟아부었느냐에 비례해서 얻어지기 때문이다.

하루동안 어영부영해서 일한 사람과 하루동안 열심히 일한 사람의 대가가 똑같이 주어진다면, 그것은 오히려 불공평한 것이고 정의에 어긋나는 것이다.

노력이라 해서 다 같은 노력은 아니다. 노력에도 질이 있고, 그 질은 정열이 얼마큼 포함되어 있느냐에 의해서 결정된다. 하나의 일을 이루어내는 데는 많은 시간보다 그 일을 이루어 내려는 불꽃튀는 정열이 포함된 노력을 요구한다. 그리고 그러한 노력을 들일 때 비로소 노력에 대한 대가도 100% 돌려 받을 수 있게 된다.

감동과 흐뭇한 미소를 지을수 있는 행복한 말

노력이 적으면 얻는 것이 적다.
인간의 재산은 그의 노고(勞苦)에 달렸다. <R 헤리크>

남이 하면 불륜
내가 하면 로맨스

● ● ●

정의에 어긋나는 행동은 내 자신이 하든 상대방이 하든 신(神)이 하든 정의로 되돌아오지 않는다. 정의는 어떠한 경우에도 양분되는 일이 없기 때문에 타인의 행동이 정의에 어긋난다면 그와 똑같은 행위를 내가 하더라도 정의에 어긋나는 것은 마찬가지다.

지독히도 바람둥이인 남편이 있었다. 그는 매일 술집을 전전하며 불륜의 관계를 맺고 다녔다. 부인이 매일같이 바가지를 긁고 못하게 말려도 도무지 반성의 빛이 보이지 않았다. 그래서 부인은 포기를 하고 자신도 무언가 취미를 붙여서 남편의 무관심을 달래보기로 마음먹었다.

이것저것 취미 붙일 것을 생각해 보다가 옆집 아줌마의 권유로 에어로빅을 하기로 결정했다. 남편에게 이 사실을 알리자 그는 "이 여자가 춤추러 다니면서 바람피우려고 환장을 했구만."하면서 펄쩍 뛰었다. 그러한 일이 있은 이후로 남편은 부인을 집에서 한발짝도 나가지 못하게 철저히 단속했다.

하루에도 수십 통의 확인 전화가 걸려와서 가뜩이나 스트레스에 쌓여 있는 부인의 숨통을 더욱더 조였다. 참다못한 부인은 남편을 설득하기 시작했다.

"에어로빅은 운동이지 사교춤이 아니에요. 남자들은 한 명도 없고 여자들만 모여서 살도 빼고 스트레스도 푸는 운동이에요."

부인의 설득에도 불구하고 남편은 완강히 반대했다. 그러나 부인도 포기하지 않고 계속해서 남편을 설득했다.

부인의 성화에 견디지 못한 남편은 에어로빅에 대하여 부인 몰래 알아보았다. 에어로빅이 단순한 운동이라는 것을 알게 된 남편은 부인에게 헬스클럽에 다니도록 허락해 줬다. 그러나 남편은 허락을 해 놓고서도 마음이 놓이지 않는지 매일같이 부인을 미행하고 다녔다.

눈에 거슬리고 참기 어려운 행동이 타인들에게서는 자주 일어나는데 자신에게서는 좀체로 일어나지 않는다. 그래서 남이 하는 행동은 고칠 게 많아도 자신이 하는 행동은 고칠 게 하나도 없고, 남이 하는 행동은 눈뜨고 볼 수 없어도 자신이 하는 행동은 자랑거리가 되며, 남이 하는 섹스는 불륜이고 자신이 하는 섹스는 로맨스라고 하는 모순된 행동을 한다.

정의에 어긋나는 행동을 하는 남자일수록 타인의 정의에는 더 민감한 반응을 보인다. 불륜 관계에 빠져있는 남편일수록 부인의 행동을 더욱더 의심하고, 혼전에 많은 여자와 관계를 맺은 남자일수록 여자의 순결은 더욱더 철저히 따져본다. 그러나 그렇게 한다고 해서 불의가 정의로 뒤바뀌는 것은 아니다. 정의는 어떠한 경우에도 변질되거나 양분되는 일이 없기 때문에 정의는 정의대로 남겨 놓고 불의는 불의대로 남겨 놓는다.

감동과 흐뭇한 미소를 지을수 있는 행복한 말

부당한 것은 아무에게도 진정으로 이로울 수 없고,
정당한 것은 아무에게도 진정으로 해로울 수 없다. <H. 죠지>

마음의 병에 가장 좋은 약은
두둑한 배짱이다

● ● ●

우리의 육체에 치명타를 입히는 것은 질병이 아니라 마음의 병이
다. 질병은 육체의 특정 부분에 한해서 불편과 고통을 안겨 주지만,
마음에 병이 들면 온 육체가 고통에 휩싸이고 정신력조차도 혼미해
진다.

개고기를 먹으면 죽는다는 어머니의 말을 철저하게 믿고 보
신탕 근처에는 가지도 않는 사람이 있었다. 그래서 그는 직장
동료들이 보신탕을 먹으러 가도 혼자만 슬그머니 빠져나와 다
른 음식을 먹는 외톨박이가 되었다.

보다 못한 직장 동료들이 그에게 보신탕을 먹이기 위해서 작
전을 짜고 작전 개시에 들어갔다. 점심 시간이 임박했을 때 옆
에 있던 동료가 그에게 입맛 돋우는 얘기를 했다.

"박형, 오늘 점심은 양고기로 하지. 양고기 요리를 기가 막히
게 잘하는 음식점이 있는데, 박형은 양고기를 한번만 먹어보면

또 사달라고 조를 거야."

그는 직장 동료들과 함께 식당으로 갔다. 그 식당에서는 간판도 일반 식당처럼 걸어 놓았고, 보신탕이란 말 대신에 양고기 요리로 통하고 있었다. 이윽고 보신탕이 나왔는데 그는 양고기인 줄 만 알고는 정신없이 먹어 치웠다. 한 그릇을 순식간에 먹어 치운 그는 수다스럽게 말했다.

"양고기가 정말 맛있는데, 우리 앞으로 자주 오자구."

그는 그 후에도 가끔씩 보신탕을 먹었지만 죽기는커녕 살만 더 찌고 건강해졌다.

직장 동료들은 그가 보신탕을 먹었다는 사실을 일체 비밀에 부쳤다. 그러나 여러 명이 함께 근무하는 직장에서 그 사실이 영원히 비밀로 남을 리는 없었다. 어느 날 함께 술을 마시던 직장 동료가 그만 실수를 하여 그가 지금까지 맛있게 먹었던 것이 개고기였다고 말해 버렸다.

지금까지 양고기로만 알고 맛있게 먹었던 것이 개고기였다는 사실을 알게 된 그는, 병이 생겨서 죽으면 어떻게 하나 하고 근심에 잠겼다. 입맛이 뚝 떨어져 밥도 제대로 먹지 못했고, 회사에 나와도 일을 하기보다는 근심에 가득 싸여 있었다. 그러더니 정말로 병석에 눕고 말았다.

◇ ◆ ◇

마음의 병에 가장 좋은 약은 두둑한 배짱이다. 마음의 병에 걸려드는 것은 마음이 극도로 허약하거나 죽음에 대한 지나친 두려움을 가지기 때문인데, 그러한 마음은 오히려 두둑한 배짱을 가짐으로써 벗어날 수 있다.

'이 목숨 죽으면 한 번 죽지 두 번 죽으랴'라는 배짱을 가지고 죽음에 대하여 피하기보다는 정면으로 부딪히고, 무엇 무엇을 하거나 먹으면 죽는다는 고정관념에 사로잡혀 있으면 오기로라도 그러한 행동만 골라서 하는 가운데 마음의 병을 물리칠 수 있는 것이다.

죽음을 지나치게 의식하지 말아야 한다. 죽음을 지나치게 의식하면 할수록 행동 범위는 위축된다. 그리하여 먹고 싶은 것이 있어도 먹지 못하고, 하고 싶은 것이 있어도 하지 못하며, 가고 싶은 곳이 있어도 가지 못하게 된다.

인간의 목숨은 생각만큼 나약하지 않다. 추락한 비행기에서도 살아나오는 것이 인간의 질긴 목숨이다. 미신을 지키지 않았다고 해서 죽고, 음식을 잘못 먹었다고 해서 죽는 그런 나약한 목숨이라면 이 세상에 살아남을 자는 한 명도 없을 것이다.

목숨을 아낀다는 어설픈 행동이 오히려 목숨을 단축시킨다.

애지중지하는 항아리가 더 빨리 깨지고, 과잉보호해서 키운 자식이 더 쉽게 삐뚤어지는 법이다. 따라서 진정으로 목숨이 아깝거든 목숨에 대해 초연해져야 하고, 목숨이 끊길까 노심초사하는 마음으로부터 벗어나야 한다.

감동과 흐뭇한 미소를 지을수 있는 행복한 말

정신이 병들면 몸도 병들고,
몸이 병든 자와 마찬가지로
마음에 병든 자는 건강할 수 없다. <키케로>

형식에 집착하면
목적을 잃는다

● ● ●

형식에 지나치게 얽매이면 목적(본질)을 잃는다. 목적을 위해서 형식
을 희생시켜도 형식을 위해서 목적을 희생시키는 일이 없어야 한다.
아무리 손님(형식)이 귀해도 주인(목적)의 자리까지 내어 줄 수는 없는
것이다.

어느 회사에 점심 때쯤 귀한 손님이 한 분 찾아왔다. 그 회사
로서는 귀한 손님이었기 때문에, 사장은 자신의 차로 모시고
가서 점심을 대접하기로 하고 직원 두 명과 함께 사무실을 나
섰다.

사장이 먼저 운전석에 앉았고 한 직원이 앞좌석에 앉았다. 뒷
좌석에는 손님과 나머지 직원이 타게 되었는데, 그 직원이 전
화를 받느라 좀 늦게 나왔다. 그러자 손님은 자신이 먼저 뒷자
석의 안쪽으로 들어가 앉았다.

전화를 받고 뒤에 나온 직원은 자신의 자리로 상석(뒷좌석의

오른쪽 좌석)이 비워져 있는 것을 확인하고는, 손님에게 자리를 바꾸자고 정중히 청했다.

그러나 손님은 거절하며 말했다.

"우리는 지금 식사를 하러 가기 위해서 차를 탄 것이지, 드라이브하려고 차를 탄 것은 아닙니다. 아무 좌석에나 앉아서 식당까지 가면 되지 굳이 상석을 따질 필요가 있겠습니까?"

◇◆◇

형식은 목적을 향해서 가는 과정일 뿐 목적이 될 수 없다. 따라서 지나치게 형식에 집착하는 것은 주객(主客)이 전도된 것으로서 소(小)를 위하여 대(大)를 희생시키는 결과를 낳는다.

형식에 지나치게 치중하는 이유 중의 하나가 체면이다. 촌지때문에 교사와 학부모의 만남이 이루어지지 못하고, 하례금이 부담스러워 축하의 자리에 끼지 못하는 것은 체면(형식)이 목적을 희생시킨 좋은 예다.

보잘것없는 목적일수록 형식에 집착한다. 진정으로 가치있는 목적은 형식이 간략해지거나 아예 무시되어 버린다. 그러므로 형식에 지나치게 얽매이는 것치고 목적이 제대로 이루어지는 것 없고, 요란스러운 형식치고 결과가 좋게 주어지는 것도 없다.

무슨 일이든 목적에 앞서 형식을 생각하지 말아야 한다. 목적에 앞서 형식을 생각하게 되면 목적은 흐지부지해지거나 희생되기 쉽다. 형식에 의해 희생된 목적의 가치는 어떠한 보상도 얻어낼 수 없지만, 목적에 의해 희생된 형식의 가치는 목적 달성이 그것을 보상해 주고도 남는다. 다시 말해서 형식이 요란하더라도 목적이 흐지부지해지면 그 일은 실패로 돌아가지만, 형식이 생략되어도 목적이 성공적이면 그 일은 훌륭한 성과로 남는 것이다.

감동과 흐뭇한 미소를 지을수 있는 행복한 말

한 가지 일을 반드시 이루고자 하면,
형식을 깨뜨리는 것을 마음 아파하지 말라.
남의 조소도 부끄러워하지 말라.
만사와 바꾸지 않고서는
한 가지 일도 이루어내지 못한다. <요시다 캔코오>

내일 일은 걱정하지 말아라.
내일 걱정은 내일에 맡겨라

• • •

평온은 육체나 사물의 안정에 의해 이루어지는 것이 아니라 오로지 마음의 안정에 의해서 이루어진다. 그러므로 편안히 누워 있어도 마음이 뒤숭숭하면 평온을 찾을 수 없지만, 육체가 고달파도 마음이 평화로우면 평온을 찾을 수 있는 것이다.

한 직장인이 할부로 자가용을 샀다. 그는 자동차를 사는 순간부터 도난이 염려되어 자동차 곁을 좀체로 떠날 수가 없었다. 자동차 종합보험에 가입해 놓고서도 마음이 놓이지 않아 하루에도 수십번씩 차를 확인해야 했다.

생각 끝에 그는 자동차 도난 경보기를 달았다. 경보기를 달아 놓으면 도난을 방지할 수 있고 마음도 편안할 것이라고 생각했기 때문이었다. 그러나 불안감은 여전히 가시지 않았다. 경보 소리를 듣기 위해서 항상 귀를 기울어야 했을 뿐만 아니라 경보음 비슷한 소리만 나도 뛰어나가 보아야 했기 때문에, 경보기를 달지 않았을 때보다도 더 불안했다.

　이러한 긴장감은 낮 동안만이 아니라 밤에도 계속되었기 때문에 신경증에 걸릴 형편이 되었다. 그리하여 그는 또다시 성능 좋고 원격조종이 가능한 경보기로 바꾸어 달아보았다. 하지만 불안감이 사라지지 않는 것은 마찬가지였고, 자동차 옆에 있고서야만이 안정되었다. 견디다 못한 그는 아예 경보기를 떼어버렸다. 그런데 이상하게도 경보기를 떼어버린 순간부터 마음이 편안해졌다.

　불안감은 사물 자체에서 비롯된 것이 아니라 그 사물에 대하여 자신의 마음이 흔들리는 현상이다. 다시 말해서 사물 자체가 불안감을 제공해 주는 것이 아니라 그 사물을 바라보는 자신이 불안감을 만들어 내는 것이다. 그렇기 때문에 불안감을 면하기 위해서는 자신 이외의 것을 탓하기 전에 자신의 신경증적인 마음을 치료해야만 한다.

　불안감을 면하기 위해서는 그것을 면하기 위한 더 이상의 행위를 하지 않아야 한다. 불안감을 면하기 위해서 하는 행동 자체가 불안의 요소를 제공하는 것이나 다름없기 때문에, 그러한 행위를 하면 할수록 또다른 불안감에 휩싸이게 된다.

인생의 종합 보험은 긍정적 사고방식, 즉 모든 것을 믿고 모든 것을 긍정적으로 생각하는 사고방식이다. 의심의 눈으로 바라보는 대신에 믿음의 눈으로 보고, 비관적으로 보는 대신에 낙관적으로 보게 되면 굳이 노력하지 않아도 마음의 안정은 스스로 이루어진다. 그러나 잔뜩 의심하고 불신하게 되면 모든 것을 비관적으로 보거나 의심의 눈으로 보게 되어 도리어 마음의 안정을 해치고 만다.

감동과 흐뭇한 미소를 지을수 있는 행복한 말

대체로 불안이란 자신을 믿지 못하고
중심이 흔들리기 때문에 생기는 것이다. <굴드>

제5장
작은 세상 크게 사는 지혜

> **"**
>
> 이기심에 눈이 어두워 작은 이익에 집착하여 살아가는
> 우리는 넓은 세상과는 등진 채 작은 세상을 살아가고 있
> 다. 작은 세상에서 크게 살기 위해서는 온통 자신에게로
> 만 향하여져 있는 시선을 세상을 향하여 두어야 한다.
>
> **"**

행복은 장소가 아니라
방향이다

● ● ●

행복의 방정식은 외부에 존재하는 것이 아니라 _스스로의 마음 속에_ 존재하고, 그것의 해답 또한 _스스로의 마음 속에_ 존재한다. 그럼에도 불구하고 해답(행복)을 구하지 못하는 것은 처지와 만족간에 등식관계가 이루어지지 않기 때문이다.

20여 명의 여성들이 고교 동창회를 하고 있었다. 그들은 고등학교를 졸업한 지 10년이 넘었기 때문에 모두가 결혼해서 아이를 낳고 가정을 꾸려나가고 있는 가정 주부들이었다.

오랜 만에 만난 그들은 자신들이 마치 고교 시절로 돌아간 듯 그동안 살아온 이야기도 하고, 남편 흉도 보고 하면서 정신 없이 수다를 떨었다.

이렇게 수다를 떨던 도중 한 동창생이 신세 타령을 늘어 놓기 시작했다.

"아휴, 집에만 갇혀서 사는 것이 지겨워 죽겠어. 집안일은 죽도록 해 봐야 표시도 나지 않고, 몸은 자꾸만 늙어가고. 얘들아, 뭐 재미있는 일이 없을까?"

"맞아, 어떤 때는 시집가지 말고 계속 직장이나 다닐 걸 하는 생각도 든다니까."하면서 옆에 있던 동창생들도 거들었다.

동창회에 모인 대부분의 여성들이 이런 푸념들을 늘어 놓자, 그것을 조용히 듣고 있던 한 동창생이 입을 열었다.

"배부른 소리들 한다. 너희들 요즘같이 교통이 좋지 않은 때 직장 다니려면 얼마나 힘든 줄 아니? 아마 출근시간에 지하철을 한번만 타보면 그런 소리 다시는 하지 않을 거다. 그리고 집안일이 표시가 나지 않는다고들 하는데, 왜 표시가 나지 않니? 가족들 건강하게 생활하는 것은 그냥 이루어지는 것이니? 바로 우리들이 집안일을 열심히 하여 만들어 놓은 표시야. 그리고 나는 남편이 직장에서 돌아와 '여보'하고 부를 때와 아이가 학교에 돌아와 '엄마'하면서 품에 안길 때가 가장 행복하더라."

◇ ◆ ◇

진실로 불행하기 때문에 불행해진 사람보다 자신의 처지가 행복함에도 불구하고 그것을 느끼지 못하여 불행해진 사람이 몇 곱절 많다.

행복이 포함되어 있지 않은 삶이란 없다. 행복은 좋은 환경에

도 나쁜 환경에도 공평하게 존재하며, 심지어 불행 속에서조차
도 존재한다. 그런데도 우리가 불행에 시달려야 하는 것은 자
신의 처지에 만족하지 못하여 내면에 있는 행복의 방정식을 풀
지 못하기 때문이다.

행복해지기 위해서는 내면에 존재하는 행복의 방정식을 풀
어야 한다. 그것을 푸는 방법은 결코 어려운 일이 아니다. 자신
이 처한 처지와 그것에 대한 만족이 등식관계를 이루도록 하면
된다. 어떠한 처지에 놓이든 그것에 만족을 해서 등식관계를
이루어주면 자신이 처한 처지와는 관계없이 행복을 느낄 수 있
게 된다.

하지만 처지와 만족이 등식관계를 이루지 못하면 널뛰는 판
이 올라갔다 내려갔다 하는 것과 같이 행복과 불행을 넘나들어
야 한다. 그리하여 자신이 원하는 삶이 펼쳐질 때는 지나칠 정
도로 행복에 젖어야 하고, 그 반대의 상황이 되면 비굴할 정도
로 불행에 젖어야 한다.

행복을 얻기 위해서는 자신의 처지를 바꾸는 것이 아니라 그
처지에 만족을 대입시켜 등식관계를 이루게 해야 한다. 이 등
식관계만 깨뜨려지지 않는다면 자신이 어떠한 처지에 놓이든
행복을 놓치지 않는다. 우리가 행복을 놓치고 불행에 시달려
야 하는 것은, 처지가 나아지면 행복을 얻을 수 있다는 어리석

음에 자신의 처지에는 만족하지 않은 채 지나칠 정도로 처지가 호전되기만을 기대하여 처지와 만족 간의 등식관계를 깨뜨리기 때문이다.

감동과 흐뭇한 미소를 지을수 있는 행복한 말

인간이 불행한 것은
자신이 진실로 행복하다는 것을
모르기 때문이다.
오직 그것만이 이유이다. <톨스토이>

자유란
책임을 의미한다

● ● ●

무조건의 자유는 또 다른 구속이다. 무조건의 자유는 앞으로는 남고
뒤로 손해보는 장사처럼 앞으로는 자유를 만끽할 수 있어서 자신의
성미에 맞아도, 뒤로는 언제나 사고 투성이어서 결국은 자신을 구속
하는 원이 되어 버린다.

　그동안 고수해 왔던 중고생들의 교복과 두발이 자유화되었
다. 교복과 두발의 규제가 일본의 잔재라느니 학생들의 자유를
억압한다느니 하던 불만은 자유화시켜 놓음으로써 말끔히 사
라졌다. 그런데 막상 교복과 두발을 자유화시켜 놓자 여기 저
기서 문제점이 나타나기 시작했다.

　먼저 있는 집의 학생과 없는 집의 학생 간에 수준 차를 가져
다주는 결과를 가져왔다. 교복을 입을 경우에는 빈부의 차가
드러나지 않아서 위화감이 없었지만, 자유화가 되어 사복이 등
장하고부터는 빈부의 차가 드러나 잘사는 집의 학생들이 못하

는 집의 학생들을 얕잡아 보는 기막힌 결과가 초래되었다.

다음으로 학생과 일반 사람 간의 구분이 없어져서 학생들의 비행을 부추기는 결과를 가져왔다. 어린 학생들이 어른 흉내를 내기 위해서 술을 먹고 담배를 피우는 일이 생겼고, 미성년자 금지구역도 스스럼없이 드나들었다.

이 밖에도 중고생들의 교복과 두발의 자유화는 많은 문제점을 낳았다. 이렇게 자유화가 문제점을 노출시키자 그 문제점들을 해소하기 위해서 학교의 재량으로 다시 교복을 착용시키고 두발도 규제하는 학교가 하나 둘 생기기 시작했다. 그리고 이러한 추세는 거의 모든 중고등학교로 확산되어 지금은 교복과 두발이 규제되고 있는 실정이다.

무조건의 자유보다는 어느 정도 통제된 자유가 우리에게 유익을 가져다 준다. 이성에 의해 행동하는 인간이라지만 고삐를 매 놓지 않으면 자기 멋대로 뛰어다니는 동물과 같은 기질이 남아 있어서 너무 자유롭게 풀어주면 스스로 자제하지 못하고 멋대로 행동하게 된다.

진정한 자유는 외부로부터 주어지는 것이 아니라 스스로가 만드는 것이다. 자유가 외부로부터 주어지는 것이라고 생각하는 사람은 온전한 자유를 누리지 못한다. 이런 자는 스스로 자유를 누릴 능력이 없기 때문에 자유가 주어지면 남용해 버리고 만다.

자유고 보장되기 위해서는 스스로의 자제 능력이 있어야 한다. 스스로 자제할 수 없는 사람에게 무조건의 자유를 주는 것은 브레이크 없는 자동차를 맡기는 것과 다름없는 위험한 일이다. 빨리 달리는 자동차일수록 브레이크는 더욱더 필요하고, 세게 나오는 수돗물일수록 밸브는 더욱더 필요한 것처럼 자유로워지고 싶으면 싶을수록 우리의 자제심은 더욱더 요구된다.

감동과 흐뭇한 미소를 지을수 있는 행복한 말

개인의 자유는 어느 정도는 제한되어야 한다.
즉 개인이 다른 사람에게
귀찮은 존재가 되게 해서는 안 된다. <J. S. 밀>

언제나 있는 그대로
받아 들여라

● ● ● ●

정직하게 보여 주기 때문에 비난을 받지 않는 거울처럼, 우리도 있는
그대로를 수정시키지 않고 보여 주게 되면 누구로부터도 비난을 받
지 않는다. 우리가 비난의 대상이 되는 것은 시도 때도 없이 우리의
모습을 변화시키기 때문이다.

　천하의 미인인 양귀비가 거울 하나를 선물 받았다. 그 거울은
인간이 원하는 대로 모습을 수정시켜서 보여 주고 또 미인인지
아닌지를 판단도 해 주는 요술거울이었다.

　양귀비는 매일 그 거울을 들여다 보며 자신의 얼굴과 몸매를
가꾸었다. 천하의 미인인 양귀비도 거울 앞에 앉으면 요구사항
이 많았다. "눈을 약간 작게 해봐. 목을 좀 길게 해봐. 이마를 좀
더 넓게 해봐. 턱을 더 둥글게 해봐."하면서 수정시켜 달라고 요
구했고, 자신의 요구대로 수정시켜 보여 주는 요술거울을 양귀
비는 아끼며 만족해 했다.

어느 날 양귀비는 거울에게 물어보았다.

"거울아, 이 세상에서 누가 제일 예쁘니?"

"양귀님의 얼굴이 가장 예쁩니다. 수정만 시키지 않으면요."

이 말을 들은 양귀비는 화를 버럭 내며 거울을 꾸짖기 시작
했다.

"거울, 너도 거짓말을 할 줄 아는구나? 어떻게 수정하지 않은
얼굴이 더 예쁘니? 나는 수정했을 때가 훨씬 예쁜데."

솔직하게 말했다가 양귀비로부터 심한 꾸중을 들어 화가 난
거울은 앞으로는 양귀비가 요구하는 대로 수정시켜 주지 않기
로 마음먹었다.

다음날, 양귀비는 거울 앞에 앉아서 언제나처럼 이 요구 저
요구를 하기 시작했다. 그러나 거울은 어제의 수모를 생각해서
요구하는 대로 수정시켜 주지 않았다. 그러자 양귀비는 거울을
당장 깨버렸다.

◇ ◆ ◇

원하는 대로 수정시켜서 보여 주는 거울이 있다면 어느 거울
도 인간들의 비위를 맞추지는 못할 것이다. 조석주야로 변하는
것이 인간의 마음이니까.

우리는 거울에 대하여 이러쿵 저러쿵 헐뜯거나 원망하지 않

는다. 그것은 언제나 있는 그대로를 보여주는 정직함 때문이다. 만약에 거울이 때와 장소에 따라 모습을 달리하여 보여 준다면 비난소리와 함께 깨어지는 수모를 면치 못할 것이다.

우리는 더도 말고 덜도 말고 거울과 같은 존재가 되어 있는 그대로를 보여 주어야 하고, 그 모습이 마음에 들지 않으면 자신만을 변화시켜야 한다. 그렇지 않으면 과시욕이나 우월감에 빠져 자신이 먼저 잘못을 저질러 놓고서도 그 탓을 상대에게로 돌리게 되고, 자신의 모습을 바꾸기 전에 상대의 모습을 바꾸라고 요구하는 모순을 범하게 된다.

감동과 흐뭇한 미소를 지을 수 있는 행복한 말

만일 그대의 얼굴이 뒤틀려 있다면
거울을 탓해 보았자 소용이 없다. <W. E. 글래드스토운>

세상 사람
모두 평등하다

● ● ●

세상이 원망스럽고 불평등한 것처럼 생각될 때는 목욕탕에 가보라.
가장된 것이라고는 하나도 없이 알몸뚱이로 존재하는 사람들을 보
고서 세상 사람 모두는 평등하며, 불평등하게 보이는 모든 것은 알몸
에 치장한 장식품들임을 깨달을 수 있을 것이다.

가게 앞을 지나다니는 아가씨 중에 화장도 예쁘게 하고 옷도
세련되게 입고 다니는 한 아가씨가 있었다. 가게의 아주머니는
그 아가씨가 지나갈 때면 같은 여자이면서도 부러운 눈초리로
바라보곤 했다.

어느 일요일, 가게의 아주머니가 동네에 있는 목욕탕에서 목
욕을 하고 있는데 자신이 늘 부러워하며 바라보았던 그 아가씨
가 목욕을 하러 들어왔다. 여전히 화장도 예쁘게 하고 옷도 세
련되게 입고 있었다. 아주머니의 시선은 온통 그 아가씨에게로
집중되었고, 아가씨의 행동을 몰래 훔쳐보기 시작했다.

아가씨는 탈의실에서 걸쳤던 옷을 하나하나 벗어던지고 알몸인 채로 목욕탕 안으로 들어갔다. 목욕탕 안으로 들어간 그녀는 누구나처럼 세수를 하고 머리를 감고 몸을 닦았다.

그 모습을 몰래 훔쳐보고 있던 아주머니는 너무나 실망했다. 헝클어진 머리에 화장기가 없는 얼굴에 기미도 있었고 주근깨도 있었으며, 몸도 다른 여자들과 다른 것이 없다는 것을 알아챘기 때문이었다.

목욕을 끝낸 아가씨는 탈의실로 나와서 머리도 만지고, 화장도 하고, 옷을 다시 걸쳐서 늘 보았던 모습대로 치장했다. 아름다운 모습으로 변신한 아가씨는 목욕탕을 유유히 떠났다.

목욕탕을 나서는 아가씨의 뒷모습을 바라보던 아주머니는 깨달았다.

"치장하느냐 치장하지 않느냐의 차이가 있을 뿐, 모든 사람은 똑같구나!"하고.

세상 사람 모두 평등하다. 알몸으로 태어나는 것도 평등하고, 숨을 쉬고 음식을 먹으며 살아가는 것도 평등하고, 죽으면 땅 속으로 돌아가는 것도 평등하다. 태어날 때 옷을 입거나 권력을 가지고 나오는 이도 없고, 숨을 쉬지 않거나 음식을 먹지 않고 살아가는 이도 없으며, 죽으면 땅 속으로 가지 않는 이도 없다.

알몸은 알몸인 것처럼 평등은 평등이다. 알몸을 황금덩어리로 장식하든, 무명옷으로 장식하든 그 본질은 알몸인 것처럼, 평등을 부(富)로 치장하든 명예로 치장하든 그 본질은 여전히 평등하다.

불평등한 것처럼 보이는 모든 것은 알몸에 치장을 하여 예쁘게 보인 여자처럼, 평등(태어날 때의 알몸뚱이)에 부나 명예 등으로 치장한 장식품일 뿐이다. 다시 말해서 우리가 그토록이나 불평등스럽게 생각하고 불만스러워하는 것은 태어날 때의 알몸뚱이가 아니라 태어난 이후 스스로의 노력에 의하여 치장한 여러 장식품들에 불과한 것이다.

조물주는 태어날 때에만 관여하고, 그 이후의 삶에 대해서는 스스로의 의지에 맡겨 놓는다. 따라서 내 의지에 의해서 내 삶은 결정되고, 내 허락없이는 내 인생의 지침을 바꿔 놓을 수 없다. 어느 누가 내 허락없이 빈부(貧富)를 만들어 내고 성패(成敗)를 만들어 놓는다는 말인가?

우리 주위에는 치장할 수 있는 재료들이 널려져 있다. 스스로 노력하면 얼마든지 얻을 수 있는 것들이고, 자신의 취향에 따라 가장 가치있는 것들을 얻어서 치장할 수 있다. 또 부로 치장하든 명예로 치장하든 학벌로 치장하든 그것은 오직 자유 의지에 달렸다.

　남들이 타고 다니는 자가용, 그것은 그들 스스로 마련한 것이지 태어날 때 가지고 나오거나 국가에서 그들만 예뻐서 사준 것은 아니다. 남들이 살고 있는 좋은 집도, 명예도, 재산도 모두 마찬가지이며 어느 하나 그들에게만 특권을 준 것은 아니다. 상속 또한 그들의 조상들이 열심히 노력한 대가로 얻어 놓은 것이다. 따라서 그들을 부러워하거나 고까운 눈총을 보낼 필요가 없다.

감동과 흐뭇한 미소를 지을수 있는 행복한 말

평등이란 - 이 세상 모든 사람들이
유일한 행복을 더하기에
공통된 권리를 가지고,
모든 개인을 존중하기에
공통된 권리를 가지고 있음을
이해하는 그것이다. <톨스토이>

꾸준함이라는 능력을
사용해 보라

● ● ●

인간이 가진 모든 능력은 꾸준함(끈기)이 뒷받침될 때 충실히 발휘될
수 있다. 꾸준함이 뒷받침해 주지 못하는 능력은 한 가지 일도 제대
로 이루지 못하고 자취를 감추어 버리지만, 작은 능력이라도 꾸준함
만 붙으면 엄청난 일을 이루어낸다.

IQ가 150이나 되는 천재 학생이 있었다. 그는 자신의 머리를
믿었기 때문에 공부를 지독히 하지 않았다. 그런데도 그의 성
적은 늘 상위권에 머물렀다.

중학교를 우수한 성적으로 졸업한 그는 고등학교에 입학하
자마자 '내 머리는 천재니까 고 1, 2학년 때는 대충 공부하다가
3학년 때나 열심히 해서 대학교에 진학해야지'하고 나름대로
계획을 세웠다. 그리하여 그는 다른 학생들은 열심히 공부하고
있는데도 빈둥빈둥 놀았다.

빈둥거리며 1, 2학년을 보낸 그는 3학년을 맞이하였다. 결심

대로 그는 혼신의 노력을 다해서 공부했다. 그러나 그의 생각처럼 되지는 않았다. 처음에는 성적이 어느 정도 올라갔지만, 일정한 수준에 이르자 더 이상 오르지 않고 현상유지에 머물렀다.

그가 3학년 공부를 마치고 대학 시험을 본 결과 일류 대학은 자신보다 머리가 나쁜 학생들에게 내 주고 자신은 하류 대학에 합격하였다. 그러자 자존심 강항 그는 대학 가는 것을 포기하고 재수를 했다. 다른 학생들은 대학교의 캠퍼스에서 낭만을 즐기고 있을 때 그는 그 좋은 머리 덕분에 도서관에서 책과 씨름을 하는 신세가 되었다.

◇ ◆ ◇

특출한 능력이 오히려 성공을 하지 못하고, 작은 능력이 큰 성공을 거두는 예가 많다. 그것은 능력 자체의 차이에서 비롯된 결과라기보다는 그 능력에 끈기가 뒷받침되었느냐 그렇지 않았느냐의 차이에서 비롯된 결과이다.

능력 자체를 믿어서는 안 된다. 능력 그 자체로서는 아무것도 이루어내지 못하며, 꾸준함이 뒷받침될 때 비로소 모든 일을 이루어 낼 수 있는 능력으로 된다. 소나기식 노력은 일을 망치기에 안성맞춤이다. 빨리 달리는 자보다 천천히 달리는 자가 오래 뛸 수 있는 것처럼, 노력(능력)도 꾸준히 하는 자가 도중에 포기하지 않고 성공에 접근해 갈 수 있다.

자신에게 능력이 없다고 한탄하는 자가 있다면 꾸준함이라는 능력을 사용해 보라. 꾸준함은 모든 능력을 최고도로 발휘할 수 있도록 후원해 주며, 꾸준함이 뒷받침된 능력은 어떠한 장애물도 극복해낸다. 폭포수가 뚫지 못하는 바위를 작은 물방울이 뚫는 것은 물방울의 힘이 폭포수보다 세기 때문이 아니라 꾸준히 떨어지기 때문임을 깨달아야 한다.

감동과 흐뭇한 미소를 지을 수 있는 행복한 말

사람들이 하는 일을 보면
항상 거의 완성하게 되었을 때에 실패한다.
최후까지 가기를 처음같이 삼가면
실패하는 일이 없을 것이다. <노자(老子)>

돈을 쓰는 것도
기술이다

● ● ●

돈은 순환되어야 한다. 노력해서 번 돈을 자신을 위해서 쓰고, 돈이 없으면 다시 버는 과정이 지속되어야 하는 것이다. 돈을 벌기만 할 뿐 쓰지 않고 착착 쌓아 두는 것은 고통을 쌓아 두는 것과 다름없고, 그렇게 되면 돈은 삶을 옭아매는 수단으로 둔갑된다.

젊었을 때부터 갖은 고생을 하면서 돈을 번 사람이 이제는 어느 정도 부자가 되었다. 사치할 정도의 부자는 아니었지만 남부럽지 않게 돈을 쓰면서 살아도 될 형편이었다. 그러나 고생해서 번 돈이라서 그런지 몰라도 자린고비같은 생활은 돈이 없어서 쪼달릴 때나 돈이 넉넉한 지금이나 마찬가지였다.

40대도 넘기고 50대가 되었어도 그의 자린고비같은 생활은 여전하였다. 그러던 어느 날부터 일하지 않아도 쉽게 피로해지고 얼굴색도 누레져 갔다. 그는 그저 피곤해서 그렇겠거니 생각하고는 약국에 가서 피로회복제만 사다 먹었다. 그 돈조차도 아까워서 하루분만 사다 먹고는 그만 두었다.

약을 먹고 며칠이 지나도 병의 차도가 전혀 없자, 그는 동네에 있는 조그마한 병원으로 갔다. 진찰을 받아보았지만 특별한 병명이 나오지 않았다. 특별한 병명도 나오지 않은 채 병원 치료를 계속했지만, 병은 조금도 회복되지 않고 비싼 병원비만 꼬박꼬박 들어갔다. 그러자 그는 병원 가는 것을 중단하고 다시 조제약을 잘 짓는다는 약국에서 약을 지어다 먹었다.

계속해서 약을 지어다 먹었지만 병은 오히려 악화만 되어갔다. 병이 이렇게 악화되어가도 그는 약값과 병원비 걱정만 할 뿐 자신의 건강에 대해서는 걱정하지 않았다. 그의 부인이 큰 병원에 가서 정밀 검사를 받아보라고 권해도 "큰 병원에 가서 진찰 받으면 돈이 얼마가 드는데."하면서 무시해 버렸다.

옆에서 지켜보다 못한 부인이 그를 강제로 끌다시피하여 종합병원으로 가서 정밀 검사를 받아보았다. 그 결과 만기 간암이라는 진단과 함께 앞으로 2개월 정도밖에 살 수 없다는 진단이 나왔다. 그때서야 그는 자신의 병을 고치기 위해서 돈을 아끼지 않았다.

◇ ◆ ◇

돈은 쓰기 위해서 버는 것이다. 쓰는 쾌락을 맛보기 위해서 돈버는 일에 고통도 기꺼이 투자하는 것이다. 쓰지도 못하고 모셔 두기만 하는 것이 돈이라면 어느 누구도 돈을 벌기 위해서 바버둥치지 않을 것이다.

고생해서 벌은 돈을 착착 쌓아 둔다고 해서 고생에 대한 보상이 주어지는 것은 아니다. 돈을 번 주체가 그 돈을 가치있게 사용함으로써 그동안 들인 고통(고생)을 보상 받을 수 있게 된다.

고생고생해서 돈을 벌면 그 돈 벌 때의 고통을 생각해서 쓰지 않는 사람이 종종 있는데, 그것은 죽도록 일하고 새경을 받아가지 않는 머슴의 어리석음과 다를 것이 없다. 고생해서 돈을 벌었다면 오히려 그 돈을 악착같이 사용하는 것이 현명한 것이다.(과소비하라는 것은 절대 아니다)

돈을 벌기만 할 뿐 쓸 줄 모르는 자는 바보다. 죽도록 일해서 벌은 돈을 통장에 저축해 놓은 자체만으로 기쁨을 느끼는 자도 바보다. 죽도록 일해서 벌은 돈을 통장에 저축해 놓은 자체만으로 기쁨을 느끼는 자도 바보다. 자신의 인생이 돈 벌기에만 집중되어 온통 고통으로만 얼룩진채 세상을 등지는 것은 결국 자신의 존재만 가엾게 만들 뿐이다.

돈을 쓰는 것도 기술이다. 많은 돈을 쓰고서도 만족하지 못하는 사람이 있는가 하면, 적은 돈을 쓰고서도 만족하는 사람이 있는 것은 돈 쓰는 기술의 차이에서 비롯된다.

돈을 많이 가지는 것만으로, 또 돈을 많이 쓰는 것만으로 돈의 가치를 충분히 이용하는 것은 아니다. 자신의 능력에 겨울 정도의 돈을 벌어서 가치없게 쓰여지는 돈보다는, 자신의 능력에 맞게 벌어서 가치있게 쓰여지는 돈이 진정으로 가치있게 쓰여지는 돈이다.

감동과 흐뭇한 미소를 지을수 있는 행복한 말

녹슬어 못쓰게 되는 것보다는
써서 닳아 없어지는 것이 더 낫다. <R 컴벌런드 주교>

한 마디 거짓말을 하면
만 마디가 다 거짓말이 된다

● ● ●

거짓은 일종의 마취제와 같은 것이어서 진실에게 들통나지 않는 순간만 미소지을 수 있을 뿐이고, 진실에 의하여 들통난 거짓은 그것을 동원하지 않았을 때보다도 더 혹독한 대가를 가져다주어 그동안 머금었던 미소를 멈추게 한다.

한 여자를 두고 두 남자가 사랑하였다. 두 남자는 친한 친구 사이였지만 서로 양보하지 못한다고 버텼고, 여자 또한 어느 한 남자에게 기울어지지 않았다. 이러한 상태는 몇 달 동안 계속되었고, 이러한 상태가 계속되는 동안 친구 사이는 점점 금이 가기 시작했다.

이렇게 친구끼리 대립관계에 있던 중, 그 여자가 가족들과 함께 동해안으로 피서를 떠났다. 이때 두 남자 중 한 남자가 '기회는 이때다' 생각하고는 친구 눈에 띄지 않도록 자취를 감추었다. 그랬다가 그는 여자가 피서를 마치고 돌아오는 날에 맞추어 친구 앞에 나타나서는, 3박 4일 동안 여자와 함께 피서를 다녀왔다고 거짓으로 꾸며댔다. 거짓으로 꾸며대면 친구는 그 여자에게 회의를 느껴 스스로 물러날 것이라고 생각했기 때문이었다.

그러나 그러한 거짓은 여자의 해명에 의해 사실대로 드러났고, 거짓을 동원하여 여자를 차지하려는 어리석은 행위는 오히려 증오심을 불러일으켜 사랑하는 여자를 친구에게 양보해야 하는 뼈아픈 상처를 받고 말았다.

◇ ◆ ◇

마취 자체가 고통을 없애 버리는 것이 아니고 유예하는 것이듯, 거짓 자체도 진실을 없애 버리는 것이 아니고 왜곡하는 것이다. 따라서 마취가 풀리면 고통이 시작되는 것처럼, 거짓이 들통나버리면 진실의 힘에 울어야만 한다.

거짓으로 사는 자는 진실이 나타나면 망한다. 진실의 덫은 생각만큼 허술하지 않고, 또 거짓에 대하여 조금의 관대함도 없이 진실로 돌려 놓기 때문에 거짓에 의지하는 것은 위험천만한 일이다.

거짓의 힘에 의지해서 내가 얻어낼 것은 아무것도 없다. 거짓의 힘으로 얻은 것은 진실이 나타나면 언제든지 돌려 주어야 한다. 또 진실의 주인은 언제까지나 진실이고 거짓의 주인 역시 언제까지나 진실이어서, 거짓은 진실이 나타나면 언제나 자리를 비켜 주어야 하는 서러움을 면치 못한다.

감동과 흐뭇한 미소를 지을수 있는 행복한 말

거짓은 드러내 보이고 싶지 않을 것을
숨기는 좋은 수단이지만,
진실에게 들통나지 않아야 한다는
조건이 붙는 것이 흠이다. <송천호>

자신의 의견만을 옳다고 하는
못된 위선을 버려야 한다

• • •

사람들은 자기의 의견을 말하는 데는 대단한 흥미를 가지고 있으면
서도 남의 의견을 받아들이는 데는 좀체로 흥미를 가지지 않는다. 또
자신의 의견만 옳다고 하고 남의 의견은 옳지 않다고 서슴없이 매도
해 버린다.

이발을 하기 위해서 이발소로 갔다. 평일인데도 손님이 다섯
명이나 대기하고 있었기 때문에 순서가 되기를 기다려야 했다.

이발사는 이발을 해 주면서 손님과 즐겁게 대화를 나누었다.
대화는 주로 시사에 관한 이야기였는데, 그 중에서도 정치에
관한 이야기를 많이 하였다. 이발사는 자신의 의견보다는 손님
의 의견에 동의하면서 즐겁게 대화를 나누어 주었다.

이발을 마친 앞 손님이 즐거운 기분으로 이발소를 떠나자, 이
발사는 다시 다음 손님과 대화를 나누기 시작했다. 그 대화도
정치에 관한 것이었는데 앞 손님의 견해와는 정반대 되는 것이

었다. 그런데 이상한 것은 이발사의 태도였다. 앞 손님과 대화를 나눌 때는 그 손님의 의견에 동의하는 대화를 하더니, 뒷 손님과 대화를 하면서는 그 손님의 의견에 동의하는 대화를 하는 것이었다.

손님들이 모두 떠나고 내 차례가 되었을 때, 나는 이발사에게 물어보았다.

"왜 아저씨는 손님과 대화를 하실 때 이 견해에 찬성하셨다가 저 견해에 찬성하셨다가 합니까?"

이발사가 대답해 주었다.

"손님의 의견과 반대되는 의견을 말하면 손님이 끊깁니다. 모든 손님들은 자신의 의견에 찬성해 주어야 즐거움을 느끼고, 그래야만 단골 손님이 됩니다."

어떤 이는 이발사의 모순된 행동을 비판할지도 모른다. 그러나 우리는 자신의 의견에 따르지 않으면 무조건 불손하다고 배척해버리는 위선을 버리지 않는 한, 이발사를 비판할 자격이 없다.

자신의 의견만을 옳다고 하는 못된 위선을 버려야 한다. 그러한 위선에 타인들은 비위를 맞추어 주는 척만 할 뿐 뒤돌아 서서는 언제나 손가락질을 한다. 또 정의에 어긋난 행동까지 타인이 부화뇌동해 주기를 바라지 말아야 한다. 그러한 자를 타인들은 자신이 필요할 때는 비위를 맞추어 주는 척만 할 뿐 뒤돌아 서서는 언제나 손가락질을 한다. 또 정의에 어긋난 행동까지 타인이 부화뇌동해 주기를 바라지 말아야 한다. 그러한 자를 타인들은 자신이 필요할 때는 비위를 맞추어 이용하다가 자신에게 더 이상 필요없는 존재가 되면 헌 신짝 버리듯이 취급해 버린다. 위의 예화에서 손님들의 비위를 맞추어 주는 이발사의 행동이 오로지 단골 손님을 만들어 이용해 먹기 위해서인 것처럼 말이다.

감동과 흐뭇한 미소를 지을수 있는 행복한 말

우리는 자기 자신의 이야기를 할 때
많은 즐거움을 느끼지만
그것을 듣는 사람은
도무지 기쁜 일이 아니라는 것을 알아야 한다. <라로슈푸코>

믿음의 대상에는
절대적인 것이 없다

● ● ●

믿음의 대상은 주어지는 것이 아니라 스스로의 마음 상태가 만들어
내는 것이다. 그렇기 때문에 스스로가 믿어서 마음의 안정을 찾을 수
있으면 그것이 무엇이든 훌륭한 믿음의 대상이 될 수 있고, 바위 덩
어리라도 믿어서 마음이 안정된다면 그것 또한 훌륭한 믿음의 대상
이 된다.

어느 종교의 포교자가 있었는데, 어느 날인가부터 몸이 아프
기 시작하였다. 병원에 가 보아도 특별한 병명이 나오지 않아
치료도 제대로 받을 수가 없었다. 그리하여 그는 새벽기도, 철
야기도, 단식기도 등 많은 기도를 통하여 완쾌를 기원했다. 그
렇지만 병은 조금도 낫지 않았고, 회복될 기미조차도 보이지
않았다.

그가 병에 시달리고 있는 것을 옆집 아줌마가 알고는 용한
점쟁이를 소개해 주면서 거기에 한번 가보라고 권했다. 그러나
상극의 관계에 있는 미신을 그가 믿을 리가 없었다. 그는 그저

기도에 의지할 뿐이었다.

열심히 기도를 함에도 불구하고 그의 병은 오히려 악화되어만 갔다. 병이 악화되어 가자 위기를 느낀 그는, 최후의 몸부림으로 옆집 아줌마가 소개한 점쟁이를 찾아갔다. 점쟁이를 찾아간 그는 약이라는 처방 대신에 굿을 했고, 굿을 하고 나자 그의 병은 신기할 정도로 깨끗이 나았다. 지금까지 점쟁이, 미신이라면 바라보지도 않았던 그가, 병이 낫고부터는 점쟁이 집으로 찾아가 매일 공을 들였다.

믿음의 대상에는 절대적인 것이 없다. 굳이 종교가 아니더라도 자신이 믿어서 마음의 안정을 찾을 수 있다면 어느 것이든 믿음의 대상이 될 수 있다.

종교 자체가 마음의 안정을 가져다 주는 것은 아니다. 믿음의 대상에 대하여 한치의 의심도 없이 믿는 그 자체가 마음의 안정을 가져다 주는 결정적 요인이다. 그렇기 때문에 믿음의 가치는 종교의 종류나 믿음의 형식에 의해 좌우되는 것이 아니라 그 대상을 얼마만큼 의심없이 믿어 주는가에 의해서 좌우되고, 특정된 종교를 믿으면서도 정신적인 안정을 찾지 못하는 믿음보다는 자기 나름대로 확신이 가는 것을 믿어서 정신적인 안정을 찾는다면 그것이 진정한 믿음이 되는 것이다.

믿음의 대상이 종종 뒤바뀌는 것은 마음의 안정을 더 확고하게 지켜 주는 것을 따라가기 때문이다. 어느 것을 믿어서 신통한 효력을 보았거나 마음의 안정을 찾은 경험이 있다면 그 대상이 무엇이든지 간에 가장 확실한 믿음의 대상이 되어 다음부터는 그것에 맹종하게 된다. 미신이 종교가 아님에도 불구하고 많은 사람들로부터 믿음의 대상이 되고 있는 것도 그것을 믿어서 마음의 안정을 찾았다는 스스로의 믿음 때문이다.

감동과 흐뭇한 미소를 지을수 있는 행복한 말

인간이 종교를 만드는 것이지,
종교가 인간을 만드는 것은 아니다. <미키요시>

진심에서 나오는 말만이
사람의 마음을 움직일 수 있다

● ● ●

결혼을 몸뚱어리만 얻는 것으로 오해해서는 안 된다. 또 몸뚱어리가
내 품에 들어왔다 해서 내 사람이 된 것이라고 오해해서도 안 된다.
마음을 얻어서 한 결혼은 천리 만리 떨어져 있어도 부부가 될 수 있
지만, 그렇지 못하면 한 이불 속에서 잠을 자도 될 수 없다.

초혼에 실패한 남자가 결혼 경력이 없는 한 아가씨와 사귀게
되었다. 그는 아가씨와 사귀면서 자신이 결혼에 실패한 남자라
는 사실을 철저하게 감추고 총각 행세를 하였다. 그는 철저한
위장에 여자는 그 사실을 전혀 눈치채지 못했다. 이렇게 사귀
는 가운데 둘은 정이 깊어져 결혼을 하였다.

결혼하고 신혼여행까지 갔다 온 이들은 깨가 쏟아지는 신혼
을 즐기고 있었다. 그러던 어느 날 밤, 신랑은 신부가 환상에 젖
어 있을 때 자신의 초혼에 대해서 실토하였고, 아울러 이혼하
면서 자신이 맡아 지금 어머니가 키우고 있는 아이까지 데려와

신부한테 키우라고 했다.

그 말을 듣는 순간 신부는 까무라쳤고, 깨가 쏟아지던 기분은 순식간에 어디론가 사라져 버렸다. 신부는 이 사실을 곧바로 친정집에 알렸고 친정집에서는 당장 이혼 명령을 내렸다. 그리하여 그는 일방적으로 이혼을 당하게 되었고, 패물과 혼수는 물론 위자료까지 톡톡히 물어 주는 신세가 되고 말았다.

거짓으로 상대방의 마음을 얻으려고 하는 것은 어리석다. 운이 좋아 거짓으로 상대방의 마음을 얻었다 하더라도 그것은 진심을 얻은 것이 아니어서 진실이 드러나면 다시 빼앗겨야 하는 슬픔을 맛보아야 한다.

진실한 마음은 진실한 마음에 의해서만 얻어진다. 그 진실이 화려하든 초라하든 그것은 문제가 되지 않으며, 화려한 거짓말보다는 초라한 진실이 마음을 움직이는 데는 더 큰 힘을 발휘한다. 그리고 사귐의 시간에 비례하여 마음을 얻는 것은 아니다. 거짓된 마음으로 사귀는 오랜 시간보다는 진실된 마음으로 사귀는 단 한 시간이 마음을 얻는 데는 더 낫다.

결혼에서 만큼 상대방의 마음을 얻는 것이 중요한 것도 없다. 마음을 얻지 못한 결혼은 결혼식을 하고, 혼인신고를 하고, 아이까지 낳았어도 진정한 부부가 될 수 없어 반목(反目)과 갈등 속에서 고통을 겪어야 하기 때문이다. 결혼이 중요하다고 하는 것은 형식적 절차가 중요하다는 것이 아니라 상대 배우자의 마음을 얻는 것이 중요하다는 뜻이며, 마음을 얻지 못한 상태에서 결혼에 들어가는 것은 소나기가 내리고 있는데 강물에 들어가는 것과 같은 위험한 일이다.

감동과 흐뭇한 미소를 지을수 있는 행복한 말

진심에서 나오는 말만이
사람의 마음을 움직일 수 있고,
밝은 양심에서 나오는 말만이
사람의 마음을 꿰뚫는다. <윌리엄 펜>

제6장
지혜로 읽어야 할 세상

> 66
>
> 세상은 지식보다는 지혜로 살아야 한다. 정도(定道)만을
> 추구하는 지식보다는 정도를 벗어나더라도 슬기로운 삶
> 의 방식을 가르쳐 주는 지혜를 내 삶의 안내자로 삼는 것
> 이 현명하다.
>
> 99

미움은 아끼고
사랑은 아끼지 말아야 한다

• • •

진정한 사랑은 외적인 것들의 변화에 의하여 영향을 받지 않는다. 진
정한 사랑은 외적인 변화의 한계를 뛰어넘어 영혼을 사랑하는 것이
기 때문에 사랑하는 사람이 어떠한 상태에 처해 있든 그것은 사랑을
나눔에 아무런 영향을 주지 못한다. 불구자가 되든 실업자가 되든.

엄마가 잘못을 저지른 어린 아이를 꾸짖고 있었다. 아무리 꾸
짖어도 반성의 빛을 보이지 않는 아이에게 엄마는 매를 들었
다. 그러자 아이는 엄마에게 "나는 엄마가 미워."하고는 매를
피해 뒷산으로 도망쳤다.

산 위로 도망나온 아이는 그래도 화가 풀리지 않았는지 큰
산을 향해 소리쳤다.

"나는 엄마가 미워. 미워. 미워."

그때 놀랍게도 이런 메아리가 들려왔다.

"나는 엄마가 미워. 미워. 미워."

이 소리를 들은 아이는 어리둥절해서 즉시 엄마한테로 달려 내려왔다.

엄마에게 달려 내려온 아이는 숨을 가쁘게 몰아쉬며 고자질 했다.

"엄마, 산 속에도 엄마를 밉다고 하는 나쁜 아이가 있어요."

"왜, 산 속에 있는 아이가 엄마를 밉다고 하니까 싫니? 너도 엄마가 밉다고 했잖니?"

"저는 화가 나서 그랬지만 산 속에 있는 나쁜 아이는 엄마가 꾸짖지도 않았는데 엄마가 밉다고 그러잖아요."

엄마는 아이를 데리고 산 위로 올라갔다. 그리고 아이에게 다음과 같이 외치라고 했다.

"나는 엄마를 사랑한다. 사랑한다. 사랑한다."

엄마가 시키는 대로 아이가 외치자, 다음과 같은 메아리가 들려왔다.

"나는 엄마를 사랑한다. 사랑한다. 사랑한다."

우리의 마음 속에는 사랑의 밭이 마련되어 있다. 이 밭은 사랑해서 가꾸면 기름진 밭이 되는 반면, 사랑하지 않고 내버려 두면 잡초가 자라 황무지로 변하고 만다. 우리들은 사랑의 밭을 가꿈에 있어 크게 오해하고 있는 것이 있다. 사랑의 밭은 타인의 사랑을 받음으로써만 가꿀 수 있는 것으로 오해하는 것이 그것이다. 그러나 그 밭은 타인의 사랑에 의해서 가꾸어지기도 하지만, 그보다는 스스로가 사랑함으로써 더 기름지게 가꿀 수 있다. 진정한 사랑은 받는 사랑이 아니라 주는 사랑이고, 사랑의 행복감은 받을 때보다 줄 때 더 많이 느낄 수 있는 것도 바로 이 때문이다.

사랑을 받아서 행복해지려는 수동적인 자세를 취하는 것보다는 사랑을 해 줌으로써 행복해지려는 능동적인 자세를 취할 때 더 많은 행복감을 느낄 수 있다. 내가 먼저 사랑함이 없이 상대방으로부터 사랑을 받을 때는 거기에서 나오는 행복감만 느낄 수 있을 뿐이지만, 내가 먼저 사랑을 해 주어 상대방의 마음을 감동시킨 다음에 다시 돌려받는 사랑에는, 자신이 먼저 사랑해 주었다는 행복감에 상대방을 감동시킨 행복감까지 추가되기 때문이다.

물이 부족한 논 바닥이 거북등처럼 갈라지듯이, 우리의 마음도 사랑이 부족하면 메말라 버린다. 그리하여 타인에게 정을 베풀 줄 모르고, 못된 이기심이 싹터 자신만을 생각하는 이기적인 존재가 되고 만다. 논 바닥이 갈라지지 않게 하려면 물을 끊임없이 대 주어야 하듯, 마음이 메마르지 않도록 하려면 사랑의 감정이 끊이지 않도록 해야 한다.

미움은 아끼고 사랑은 아끼지 말아야 한다. 미움은 구르면 구를수록 닳아빠지는 달구지 바퀴와 같아 미워하면 할수록 인색해지고, 사랑은 굴리면 굴릴수록 불어만 가는 눈덩이 같아 사랑하면 할수록 넉넉해진다.

감동과 흐뭇한 미소를 지을수 있는 행복한 말

주는 것은 받는 것보다 행복하다.
사랑을 하는 것은 사랑을 받는 것보다
아름다우며 사람을 행복하게 한다. <헤세>

피눈물 나는 뉘우침만이
바른 행실로 돌려 놓을 수 있다

• • •

뉘우치지 않는 자보다도 어설프게 뉘우친 자가 더 위험하다. 아예 뉘우치지 않은 자는 미리 경계할 수 있어서 위험을 면할 수 있지만, 어설프게 뉘우친 자는 철저하게 경계를 할 때는 피해 주었다가 경계가 소홀해지면 또다시 잘못을 저질러 위험에 빠뜨린다.

전과 5범으로 10여 년의 교도소 생활을 한 남자와 좀도둑질로 몇 개월씩 여러 번 교도소 생활을 한 여자가 결혼을 하였다. 교도소 생활의 차가운 맛을 본 이들은 앞으로는 바르게 살아나가자고 결혼식을 올림과 동시에 굳게 언약했다.

이들은 결혼 후 남편의 고향에서 농사를 지으면서 살았다. 남편은 매우 성실하게 생활했다. 10여 년의 교도소 생활이 그에게 많은 뉘우침을 주었기 때문이었다. 이에 반해 부인은 결혼 전의 손버릇이 여전히 남아있어 남의 눈만 피할 수 있으면 물건을 훔쳤다. 그것도 큰 것을 훔치는 것이 아니라 사소한 것들만 골라서 훔쳤다.

좀도둑질하는 부인을 남편은 심하게 꾸짖어도 보고 타일러 보기도 했지만 아무 소용이 없었다. 경찰서에도 몇 번 갔다 왔지만 여전하였다. 좀도둑 부인과 함께 사는 남편은 창피해서 동네 사람에게 얼굴을 내밀지 못했고, 견디다 못한 남편은 남의 이목을 피하기 위해서 도시로 나왔다.

도시에 나와 살면 부인이 좀도둑질을 하지 않을 것이라는 남편의 희망은 도시로 이사 온 지 한 달도 못되어 산산조각나 버렸다. 부인은 세들어 사는 안집의 돈을 훔치다가 들켜서 교도소로 가게 되었던 것이다.

3개월 동안의 교도소 생활을 마치고 나온 부인은 처음에는 좀 자숙하는 듯 하더니 또다시 좀도둑질이 시작되었다. 보다 못한 남편은 부인을 경찰서에 데리고 가서 사정했다.

"이 여자, 교도소 생활을 어설프게 해서 뉘우치지 못하고 있으니 제발 3년만 교도소 생활을 하게 해 주세요. 밥먹듯이 좀도둑질을 하고 있습니다."

그러나 뚜렷한 죄적(罪迹)이 없기 때문에 남편의 그러한 바램은 무산되었다

◇◆◇

잘못을 저질렀을 때 어설프게 뉘우치도록 하는 것은 오히려 그것에 대한 면역을 길러 주는 것밖에는 되지 않는다. 피눈물 나는 뉘우침만이 바른 행실로 돌려 놓을 수 있고, 뉘우침의 강도가 진하면 진할수록 바른 행실로 돌아가는 데는 더욱 좋다.

어설픈 용서가 행실을 더 나쁘게 이끌기도 한다. 잘못된 행실을 해 놓고서 반성도 하지 않는 자에게 용서를 해 주는 것은 그 행위를 정당한 것으로 인정해 주는 것이나 다름없다.

잘못된 행실과 그 행실에 대한 벌(罰) 사이에는 적어도 균형을 이루게 해야 하고, 잘못된 행실에 비하여 벌이 약하게 주어져서는 안 된다. 잘못된 행실에 대하여 벌이 약하게 주어지는 것은 그 행실을 하도록 부추기는 것밖에는 되지 않고, 그러한 벌은 있으나마나한 것이 되어 버린다. 잘못된 행실에 대한 벌의 고통이 잘못된 행실을 저지르는 쾌락보다 작으면 고통을 감수하고 쾌락에 젖으려고 하는 것은 어쩔 수 없는 일이다. 환경설비를 가동하여 드는 비용보다 적발되었을 때 내는 벌금이 적게 들기 때문에 고의적으로 환경설비를 가동시키지 않는 것은 범죄와 범죄에 대한 벌의 대가가 불균형을 이룬 데서 오는 당연한 귀결이다.

잘못된 행실에 대하여 너무 꾸짖기만 하는 것도 바람직하지 못하다. 사람에게는 오기라는 것이 있어서 지나친 꾸짖음은 오히려 오기를 발동시켜 걷잡을 수 없는 행실로 비화시킬 수 있기 때문이다. 행실을 바로잡는 것도 중요한 일이지만 오기가 발동되지 않도록 하는 것은 더욱 중요한 일이다. 잘못된 행실은 바른 행실로 돌아오기 위한 최후의 몸부림이지만, 오기는 잘못된 행실로 나가는 출발점이 되기 때문이다.

감동과 흐뭇한 미소를 지을수 있는 행복한 말

하나의 과오를 용서함은
많은 범죄를 북돋운다. <푸블릴리우스 시루스>

실패하는 자는 핑계를 찾고
성공하는 자는 방법을 찾는다

● ● ●

핑계를 댄다고 해서 어리석음 자체가 사라지는 것은 아니다. 핑계는
자신의 어리석음을 위로하고 있는 것에 불과하며, 그렇기 때문에 핑
계를 대면 댈수록 어리석음은 누적되어 끝내는 새로운 의욕마저 송
두리째 뽑아낸다.

옷가게를 하는 남자와 디자이너면서 옷을 만드는 여자가 결
혼을 하였다. 이들이 결혼을 하자 주위 사람들은 가장 이상적
인 커플이라고 하면서 부러워들 하였다.

결혼 후 부인은 옷을 만들고 남편은 부인이 만들어 준 옷을
팔았다. 결혼 전에는 여러 디자이너들의 옷을 갖다 놓고 팔았
지만, 결혼 후부터는 부인이 만든 옷만을 전문적으로 팔기 시
작했다.

그런데 부인이 만든 옷은 예상과는 달리 팔리지 않았다. 한
달 동안 장사를 해 보았지만 겨우 몇 벌만을 파는 데 그쳐 적자

를 면할 수 없었다. 그렇다고 당장 다른 옷으로 바꿀 수도 없었다. 최선을 다해 판매에 열을 올려 보았지만 적자를 면할 수 없었고, 늘어나는 적자를 감당할 수 없어서 가게 문을 닫아야 할 지경까지 이르게 되었다. 그러자 둘 사이에서는 심한 싸움이 일어났다.

남편이 먼저 부인에게 쏘아붙였다.

"옷이 팔리지 않는 것은 당신이 만든 옷이 형편없기 때문이야."

그러자 부인이 어이없다는 듯 대꾸했다.

"핑계 대지마, 당신이 장사를 잘못하기 때문이야."

이들은 끝까지 옷이 팔리지 않는 이유를 자신의 탓으로 돌리기보다는 오직 상대방의 잘못으로만 돌렸다. 이상적인 만남이었다고 했던 이들 부부는 한치의 양보도 없는 싸움을 이혼을 함으로써 끝맺었다.

핑계가 입에 붙는 순간 '내가 잘못했소'라고 인정하는 것과 다름없다. 잘못이 없는 사람은 핑계를 댈 이유도 필요도 느끼지 못하니까. 자신의 어리석음을 핑계를 댐으로써 극복하려고 하는 것은 물에 빠진 자가 지푸라기를 잡으려는 것과 다름없다. 어리석음은 핑계를 댐으로써 더욱더 어리석어지고, 그것에서 빠져 나올 수 없을만큼 스스로를 어리석게 만들어 놓기 때문이다.

핑계는 어떠한 발전도 가져다 주지 않는다. 핑계는 의욕을 쫓아내어 전진하려는 자신을 주저 앉힌다. 빈둥거리는 말을 달리게 하려면 채찍을 가해야 하는 것처럼, 어리석음에 도취되어 현상 유지에 연연한 자신을 분발하게 하려면 위로(핑계) 대신에 강한 채찍을 가하여야 하고, 누구를 탓하기에 앞서 자신의 탓으로 돌릴 때 새로운 출발을 위한 의욕이 솟아나게 된다.

감동과 흐뭇한 미소를 지을수 있는 행복한 말

남의 도움을 기대하지 않고,
남의 탓으로 돌리지 않게 되었을 때에
두려움이 사라지면서
발 디딜 곳이 보이기 시작했다. <니키 마론>

노력을 투자해서 번 돈은
결코 헛되게 쓰여지지 않는다

● ● ●

돈은 종이 조각에 불과하다. 그것에 가치가 부여되기 위해서는 고통
(노력)이 추가되어야 하고, 고통의 추가 정도에 따라 천원짜리로도 되
고 만원짜리로도 된다. 그러므로 불로소득으로 얻은 만원의 가치는
정당하게 벌은 천원의 가치에 뒤지는 것이다.

　세 명의 부하를 거느린 거지 왕초가 있었다. 거지들은 스스로
일해서 먹고 살지 않고 남으로부터 얻어서 먹고 살았기 때문에
모든 사람들로부터 천대를 받았다.

　어느 날 왕초는 부하들을 모아 놓고 명예선언을 했다.

　"우리 거지도 명예롭게 살아가기 위해서는 스스로 돈을 벌어
서 먹고 살아야 한다. 그러니 앞으로는 굶는 한이 있어도 절대
남의 것을 얻어 오지 않도록 해라."

　세 명의 부하들은 왕초의 결심에 따르기로 하고 돈을 벌기
위해 각자 흩어졌다. 밤이 되어서야 움막으로 돌아온 그들은

벌어 온 돈을 왕초 앞에 내놓으면서 '이 돈은 남한테 구걸한 것이 아니라 정당하게 노력해서 벌은 돈'이라고들 주장했다.

왕초는 이들의 주장이 사실인지 아닌지를 판단해 보기 위해서 강가로 갔다. 왕초는 강가에 서서 부하들이 벌어온 돈을 흘러가는 강물에 던지기 시작했다. 첫 번째 거지와 두 번째 거지의 돈을 던졌지만 그들은 멍하니 바라보고만 있었다. 왕초는 세 번째 거지의 돈을 강물에 던졌다. 그러자 세 번째 거지는 추운 겨울이었음에도 불구하고 강물로 뛰어들어 가서 돈을 건져 왔다.

돈을 건져 온 그에게 왕초가 물었다.

"너는 왜 돈을 건져 왔느냐?"

"제가 땀흘려 벌은 돈이기 때문입니다. 저는 이 돈을 벌기 위해 아침 일찍부터 밤 늦게까지 추운 공사판에서 일했습니다. 그렇기 때문에 도저히 버릴 수 없습니다."

이 말을 들은 왕초는 "그래, 너는 정말 네 스스로 일을 해서 돈을 벌어 왔구나."하고 인정해 주었다.

하지만 왕초는, 돈을 건져 오지 않은 두 거지에게는 호통을 치기 시작했다.

"너희 둘은 돈을 정당하게 벌지 않았다. 어떻게 해서 돈을 벌어왔는지 한치의 거짓도 없이 말하여라."

왕초의 불호령에 첫 번째 거지가 대답했다.

"저는 육교 위에서 바구니를 놓고 구걸했습니다."

이번에는 두 번째 거지가 떨리는 목소리로 대답했다.

"저는 터미널에서 여행객들로부터 차비가 없다고 속여서 구걸했습니다."

◇◆◇

돈의 액수와 돈의 가치(여기서의 가치는 절대적 가치가 아니라 상대적 가치를 의미함)와는 비례하지 않는다. 오히려 돈의 액수가 많아질수록 돈의 가치가 떨어지기도 하는데, 그것은 돈의 가치가 상대적이기 때문이고, 또 돈의 액수와는 무관하게 그 돈을 벌 때에 들인 고통(노력)의 정도에 의해서 결정되기 때문이다.

고통(노력)을 투자해서 번 돈은 <고통=돈의 가치>의 관계가 성립되기 때문에 결코 헛되게 쓰여지지 않는다. 자신의 피와 살이 섞인 그 돈을 쓸 때는 적어도 그 돈을 벌 때 들인 고통을 보상받을 수 있는 대상에 쓰게 되고, 고통(노력)이 심하면 심할수록 그러한 욕구는 강해진다. 하지만 고통(노력)이 추가되지 않는 돈은 <고통=돈의 가치>가 성립되지 않을뿐더러, 그 돈으로부터 보상받고자 하는 욕구도 없기 때문에 당연히 가치없이 쓰여진다.

스스로 피땀흘려 부자가 된 사람은 아무리 돈이 많아도 절대 가치없게 쓰지 않는다. 그것은 돈 버는 고통을 뼈저리게 체험했기 때문이고, 그렇게 해서 번 돈을 가치없게 쓴다는 것은 자신이 희생시킨 고통을 가치없이 내다 버리는 것이나 다름없다는 것을 너무나 잘알기 때문이다.

자녀들에게 돈을 헤프게 쓰지 말라고 하는 것은 스스로를 잔소리꾼으로 모는 행위밖에는 되지 않는다. 부모들의 그런 충고가 자녀들의 귀에는 몹시 듣기 싫은 잔소리로 들릴 뿐이다. 돈 버는 고통을 체험하지 않은 자녀들로서는 돈의 가치를 모르는 것이 당연하고, 따라서 돈을 헤프게 쓰는 것도 어쩔 수 없는 일이다. 자녀들이 돈을 소중하고 가치있게 써 주기를 바란다면 잔소리하는 대신에 단 한번만이라도 돈 버는 고통을 체험하게 해야 한다.

감동과 흐뭇한 미소를 지을수 있는 행복한 말

돈의 가치를 인식하려면
그 돈으로 살 수 있는
좋은 물건들을 알 필요는 없고,
그 돈을 버는 고통을 체험해야 한다. <P. 에리아>

사람의 절반만 보고 판단하는
어리석음을 범하지 마라

• • •

늘 드러나 있는 외모의 매력은 쉽게 한계를 드러내지만 가슴 속 깊은 곳에 숨겨져 있는 마음씨의 매력은 무궁무진하다. 그렇기 때문에 짧은 기간 동안의 만남을 위해서는 외모의 매력이 좋을지 몰라도 영원토록 함께 하기 위해서는 마음씨의 매력이 더욱 좋은 것이다.

　사랑에 실패한 후 실의에 빠져있던 한 아가씨가 있었다. 시집 간 그녀의 언니가 보기에 안쓰러웠던지 좋은 사람이 있으니 선을 보라고 해서 그렇게 하기로 했다. 못생겼다는 말은 언니에게 들었기 때문에 잘생겼기를 기대하진 않았지만, 그래도 남보기에 부끄럽지 않을 정도의 외모를 가졌으면 좋겠다고 생각하면서 선보는 장소로 나갔다.

　약속한 카페에 들어서자 언니가 불렀다.

　"인사해라, 바로 이 남자야."

　그 순간 그녀는 인사도 하지 않고 정신없이 도망쳐 나왔다.

자신이 상상했던 것과는 너무나 차이가 났고 못생겼기 때문이다.

그녀가 실망해서 집으로 돌아왔는데 언니한테서 전화가 왔다.

"내가 맘먹고 소개시켜 줬는데, 이렇게 무안을 줘도 되는 거니?"

"언니는 도대체 나를 어떻게 보는 거야. 내가 그런 남자하고 결혼할 정도밖에는 안 돼?"

"애, 사람을 어떻게 얼굴만 보고 따지니. 그래도 속이 좋기 때문에 너한테 소개시켜 줬던 거야. 한번만 만나서 데이트 해봐라. 그러면 반할 거야."

"내가 독신으로 살면 살았지, 그렇게 못생긴 남자하고는 결혼 안 해."

"총각치고는 인간성이 너무 좋은 사람이야. 너무 아까운 사람이니까 딱 한번만 만나보아라. 한번 만나보고 나서 싫다고 하면 다시 만나라고 하지 않을게."

계속해서 만나보라는 언니의 성화에 귀찮아서 그녀는 한번만 만나보고 나서 그만두겠다는 생각을 가지고 못생긴 남자를 다시 만났다. 남자를 만나는 순간 너무나 이상했지만, 이번에는 도망가지 않고 대화를 하였다. 그 남자와 대화를 나누기 시작한 지 10분, 20분이 흐르면서 그녀는 왠지 모르게 그 남자로부터 매력을 느끼기 시작했다. 그러한 느낌은 시간이 흐를수록 더해만 갔고, 그 남자의 인간성에 정이 가는 것이었다.

한번만 만나고 다시는 만나지 않겠다던 그녀는 그 후에도 못생긴 남자를 계속해서 만났고, 콧대가 높던 그녀는 결국 그와 결혼을 하였다.

◇ ◆ ◇

우리들은 사람을 판단함에 있어서 일정한 기준을 정해 놓고 있다. 여자의 경우 가슴이 얼마고, 허리가 얼마며, 히프는 얼마고, 키는 몇 센티미터가 되어야 하고, 남자의 경우에는 키가 커야 하고, 가슴이 넓고 어깨가 딱 벌어져야 하며, 목소리가 굵어야 한다고 기준을 정해 놓고 있는 것이다. 그래서 그 기준에 맞으면 미남미녀라고 인정해 준다.

그러나 그러한 기준이 어떻게 사람을 판단할 수 있는 기준이 된다는 것인가? 키가 큰 것하고 그 사람의 '능력'하고 무슨 관련이 있고, 목소리 굵은 것하고 그 사람의 '인간성'하고 도대체 어떤 관련이 있는가? 그리고 미스코리아에 해당하는 외모가 여성의 매력인 상냥함, 착한 마음씨, 바른 인간성과 무슨 관련이 있다는 것인가?

한 사람을 판단할 때는 절반은 외모에 의해서, 나머지 절반은 마음씨에 의해서 하여야 한다. 모든 사람은 외견상 보이는 얼굴(외모)과 내면에 존재하는 이성의 얼굴(마음씨)을 가지고 있기 때문에 외모에만 치중하여 한 사람을 판단하는 것은 그 사람의 절반만 보고 판단하는 어리석음을 범하게 된다.

감동과 흐뭇한 미소를 지을 수 있는 행복한 말

그대여! 아름다움은 눈만을 즐기지만,
고운 마음씨는 영혼을 매혹시킨다. <볼테르>

유권자를 위한 정치인은 있어도
국민을 위한 정치인은 없다

● ● ● ●

나 아니면 안 된다고 자만하는 정치인들, 자신의 정권욕을 채우기 위해서는 수단과 방법을 가리지 않는 정치인들, 국민을 팔아먹으면서까지 권좌를 지키려는 정치인들이 있기 때문에 정치가 제대로 되지 않는 것이다.

국회의원 선거 때의 일이다. 어느 지역에 7명의 후보자들이 나와서 각종 공약을 내놓고 선거운동을 벌이기 시작했다. 유세를 통하여 자신만이 국민을 대표할 수 있고, 자신만이 국민을 위해서 일할 수 있다고 외쳐대며 서로들 자신을 지지해 줄 것을 호소했다. 길을 가다가도 유권자를 만나면 손을 덥석 잡아주며 한 표를 부탁했고, 양로원을 찾아가 큰 절을 올리면서 한 표를 부탁했다.

그 지역에는 양로원과 더불어 고아원도 몇 군데 있었지만, 양로원에는 신발이 닳아빠지도록 찾아가면서 고아원에 찾아가서 공약을 하거나 따뜻한 말 한마디 해 주는 후보는 한명도 없었다. 사탕발림 공약이라도 고아원에 관한 공약은 한 가지도 없었다. 후보자들이 이처럼 고아원을 외면하는 것은, 그들에게는 선거권이 없다는 이유 하나 때문이었다.

◇ ◆ ◇

선거 때 후보자들의 반질반질한 손은 연탄 장수의 손보다도 더 더러워진다. 지나가던 연탄 장수의 손도 덥석 잡아 주고, 생선 비린내 나는 손도 덥석 잡아 주고, 흙이 뒤범벅된 채소 장수의 손도 마다하지 않고 덥석 잡아준다. 그리고 자신이 그러한 행동을 하는 것은 오로지 국민을 위해서라고 한다.

그러나 유권자를 위한 정치인은 있어도 국민을 위한 정치인은 없다. 국민을 위해서 정치를 하겠노라고 목이 쉬도록 외쳐대면서도 유권자가 아니면 손길도 눈길도 주지 않는 후보자가 과연 국민을 위한다고 말할 수 있겠는가? 국민 속에는 유권자만 포함되어 있는 것이 아니다. 선거권이 없는 어린아이도 철창 속에 갇혀있는 죄수도 당연히 국민이며, 따라서 이런 사람들을 외면하는 후보자는 국민의 대표가 될 자격이 없다.

선거 때 돈 쓰는 후보는 국민을 위해서 일할 사람이 아니라 자기 자신을 위해서 정치인이 되려고 하는 사람이다. 돈을 쓰고 당선된 사람은 본전을 뽑기 위해서 노력해야 되고, 그러다 보면 국민을 외면해야 하는 것은 당연한 일이다. 정치인들의 부정부패도 선거 때 뿌린 돈에 대해 본전 생각이 나서 저질러지는 당연한 귀결이다. 세상에 손해보는 장사를 할 사람이 어디 있겠는가?

감동과 흐뭇한 미소를 지을수 있는 행복한 말

정치인은 어디서나 다 같다.
그들은 강이 없는 곳에도
다리를 건설해 주겠다고 약속을 한다. <N. 흐루시초프>

제7장
세상을 바로 보는 또 하나의 지혜

66

우리에게 있어 '나'와 '오늘'은 자신과 오늘을 빼놓고 삶을 생각해 보면 남는 것은 아무것도 없다. 자신이 없는 세상에 무엇이 더 절박하고, 오늘이 없는 세상에 무엇이 더 절박하겠는가?

99

인간 세계에서
절대적인 미의 판단 기준이 없다

● ● ●

미(美)의 판단 기준은 기온의 변화에 따라 변화하는 온도계처럼 외면 상의 모습과는 별도로 마음 먹기에 따라 변화하는 상대적인 것이다. 사람마다 미의 판단 기준이 다른 것도 이 때문이고, 절대적인 미의 판단 기준이 없는 것도 이 때문이다.

어느 기업에서 '이 거울을 보면 예쁜 얼굴로 보입니다', '이 거울을 보면 미운 얼굴로 보입니다'라고 써 붙인 거울 두 개를 정문에 걸어 놓고는 출근하는 사원들로 하여금 보고 들어가게 했다. 출근하던 사원들은 모두가 예쁜 얼굴로 보인다는 거울 앞으로 가서 자신의 모습을 비춰보고는 환한 표정을 지으며 사무실로 들어갔다. 당연히 사무실의 분위기도 밝았다.

그러던 어느 날 술주정뱅이의 행패로 하여 예쁜 얼굴로 보인다는 거울이 깨지고 말았다. 그리하여 사원들은 어쩔 수 없이 미운 얼굴로 보인다는 거울을 보고 들어가야 했다. 이상하게도 그 거울을 보고 들어온 사원들의 표정은 시큰둥했고, 사무실의 분위기도 덩달아 침울해졌다.

　다음 날 수위 아저씨는 미운 얼굴로 보인다는 거울을 예쁜 얼굴로 보인다는 자리로 옮겨 놓고, 미운 얼굴로 보인다는 거울 자리에는 새로운 거울을 걸어 놓았다. 그 사실을 전혀 모르고 있는 사원들은 예쁜 얼굴로 보인다는 거울을 보고는 만족한 표정을 지으며 사무실로 들어갔고, 사무실의 분위기도 다시 밝아졌다.

　인간 세계에서 절대적인 미의 판단 기준이 없다는 것은 매우 다행한 일이다. 짚신도 짝이 생기고, 못생긴 얼굴도 잘생긴 얼굴도 함께 공존하며 살아갈 수 있는 것은 절대적인 미의 기준이 없기 때문이다. 만약에 미를 판단하는 기준이 획일적이고 절대적인 것이라면 미인(美人)과 추인(醜人)이 확연하게 드러남으로써 많은 갈등이 빚어질 것이다. 백인과 흑인이 너무 확연하게 구분됨으로써 갈등을 빚어내고 있는 것처럼 말이다.

　미의 판단 기준은 자신을 위해서 두는 것이 바람직하다. 그래야만이 자신의 외모에 대하여 자신(너무 지나치면 좋지 않다)을 가질 수 없고, 자괴감에 사로 잡히지 않는다. 자신의 외모에 대하여 불만을 가지고 자학하게 되는 것은 미의 판단 기준을 자신 이외의 것에 두기 때문이며, 자신의 외모를 그 기준에 맞추려고 하는 데서 일어나는 비극이다.

이성(異性) 간에 있어서의 미의 판단 기준도 자신에게 두는 것이 바람직하다. 미의 판단 기준이 객관적으로 서게 되면 어느 한 사람에게 만족하지 못하고 더 좋은 미모를 쫓아 등을 돌리는 결과를 낳고, 미모를 가진 사람은 짝을 찾는 반면 그렇지 못한 사람은 짝을 찾지 못하는 엄청난 결과를 몰고 온다. 결혼 후 외도를 하는 것도 미의 판단 기준을 자신에게 두지 않아, 한 이성에 대해 만족하지 못하고 다른 이성을 쫓는 데서 비롯된다.

감동과 흐뭇한 미소를 지을수 있는 행복한 말

모든 아름다움은 보는 이의
마음 속에 있다. <미상>

욕심을 버리고 마음을 비움으로써
가장 많이 얻을 수 있다

• • •

모든 고통은 외부로부터 오는 것이 아니라 자신의 뜻대로 하고자 하는 지나친 욕심으로부터 온다. 따라서 고통으로부터 벗어나기 위해서는 세상을 탓할 필요는 없고 자신을 공연히 들볶고 있는 욕심을 줄이면 된다.

술만 먹으면 복권을 사 가지고 들어오는 남편이 있었다. 그런데 그는 복권을 사 오기만 했을 뿐 맞춰보지 않고 여기저기 버려 두었다. 부인은 여기저기 뒹굴어 다니는 복권이 너저분해서 모두 주워 모아서 쓰레기통에 넣어 버렸다. 복권을 쓰레기통에 넣고 뒤돌아서던 부인은 그 중에 맞는 것이 있을지도 모른다는 생각이 들어 복권을 다시 꺼냈다.

부인은 쓰레기통에서 꺼낸 복권을 허탕치는 셈치고 복권 판매소로 가지고 갔다. 그랬더니 그 중에 5000원 짜리에 당첨된 복권이 석장이나 있었다. 당첨된 복권을 이번에는 즉석식 복권으로 바꿔가지고 왔다.

부인은 별로 기대하지도 않은 채 긁기 시작했다. 두 장까지는 단 500원 짜리에도 당첨되지 않았다. '그러면 그렇지 내 주제에 무슨 행운이 따를려고'하면서 마지막 복권을 긁기 시작했다. 오백만원 이라는 글씨가 두 개 보였다. 하나만 더 보이면 500만원에 당첨될 수 있었다. 혹시나 하는 마음으로 마지막 것을 긁었는데, 그것도 역시 500만원이라는 글씨였다. 부인은 당첨되지 않은 것보다 오히려 당첨된 것이 이상한 듯 복권을 보고 또 보고 하였다. 틀림없이 오백만원이라는 글씨가 세 개 있었다.

부인은 다음 날 당첨금을 받기 위해서 은행으로 갔다. 창구 직원에게 당첨된 복권을 내밀자 직원이 물었다.

"저는 아무리 사서 긁어도 안 맞던데, 아주머니는 어떻게 해서 당첨되었나요? 어젯밤에 무슨 꿈을 꾸었나요?"

부인이 대답했다.

"저는 아무런 꿈도 꾸지 않았고, 아무런 욕심도 내지 않았습니다. 이 당첨금은 쓰레기통에서 건진 것입니다."

모든 고통에서 해방되기 위해서는 우리의 마음이 물질에 대한 애착을 가지지 못하게 해야 한다. 물욕은 꼬리에 꼬리를 물고 나타나기 때문에 물욕에 집착할수록 고통은 더해만 간다.

얼핏 보기에는 욕심을 부릴 때 더 많이 얻을 것 같지만, 결국에는 욕심을 버리고 마음을 비움으로써 가장 많이 얻을 수 있다. 욕심을 버리면 만족할 수 있고, 만족하면 오히려 마음은 가득차기 때문이다.

많이 얻는다는 것은 한마디로 말해서 만족한다는 뜻이다. 많이 가지고서도 만족하지 못하면 가지지 않은 것과 다름없고, 조금만 가지고서도 그것에 만족하면 많이 가진 것과 다름없다. 결국 많이 얻느냐 적게 얻느냐는 물질적인 것의 다소(多少)가 아니라 마음이 차느냐(만족하느냐) 차지 않느냐(만족하지 않느냐)는 마음의 상태에 있다.

감동과 흐뭇한 미소를 지을수 있는 행복한 말

인생에서 많은 고통을 면하는
최상의 방법은 자기의 이익을
아주 적게 생각하는 일이다. <쥬베르>

아이디어는 돈으로 환산할 수 없는
보이지 않는 재산이다

• • •

남의 뒤를 따라가서는 얻을 것도 없고, 남보다 앞설 수도 없다. 남보다 앞서는 유일한 길은 남들이 불가능한 일이라고 밀쳐 두었던 일을 해내어 유일의 존재가 되는 것이다.

　사업체를 하나 경영하고 있는 사장이 미국에 지점 개설 차 비행기를 타고 가고 있었다. 일등석이었기 때문에 편안히 누운 자세로 가고 있었다.

　이륙한 지 한 시간 정도 지났을 무렵, 스튜어디스가 빨대 꽂힌 주스를 한 잔 가지고 왔다. 그는 일어나기가 귀찮아서 누운 채로 빨대를 물었다. 그 순간 주스가 쏟아져 와이셔츠가 노랗게 물들어 버렸다. 노랗게 물들어 버린 와이셔츠를 난처한 표정으로 바라보던 그는, 문득 구부러지는 빨대가 있으면 누워서도 주스를 마실 수 있겠다는 아이디어를 떠 올렸다.

미국에서 업무를 마치고 돌아온 그는 즉시 구부러지는 빨대를 만들어 특허를 냈다. 국내 특허는 물론 세계 특허까지 받아낸 그는 전에 하던 사업을 정리하고 빨대 만드는 사업으로 바꿨다. 단순하면서도 특별한 기술없이도 만들어 낼 수 있는 구부러진 빨대로 그는 국내는 물론 세계 시장을 독점하여 엄청난 돈을 벌 수 있었다.

남보다 앞서가는 비결은 새로운 아이디어를 발견해 내서 독보적인 존재가 되는 것이다. 평범한 것은 만방에 선전해도 눈길이 모아지지 않지만 독창적인 것은 묻어 두어도 만인의 눈길이 모여든다.

기발한 아이디어는 순간에 나온다. 오래 머물러서 신선도가 더해지는 것이 없듯, 오래 생각한다고 해서 반드시 좋은 아이디어가 나오는 것은 아니다. 오히려 너무 오래 생각하면 이것 저것 혼란스러워져서 독창성이나 신선한 맛이 결여된 억지 아이디어가 나온다. 새로운 아이디어는 시도 때도 없이 떠오르는 것이 아니다. 축구 경기에서 어느 순간에 골이 터질지 모르는 것처럼 아이디어도 언제 어느 순간에 떠오를지 예측할 수 없다.

아이디어는 돈으로 환산할 수 없는 보이지 않는 재산이다. 이 재산을 획득하는 길은 현실에 안주하지 말고 좀더 진보하고 발전하려는 욕망을 가질 때 가능하고, 자신을 불만족한 상태로 두어야 한다.(생활 자체에 대한 불만족이 아니라 좀더 발전하려는 욕구의 불만족 상태를 의미함)

감동과 흐뭇한 미소를 지을수 있는 행복한 말

존재하는 모든 훌륭한 것은
독창력(새로운 아이디어)의 열매다. <J. S. 밀>

일은 모든 만족과 행복의
근원이 된다

● ● ●

생활이 만족스럽지 못하거든, 세상 사는 재미가 없거든, 행복하지 않거든 일을 하라. 그 모든 원인은 일을 하지 않았기 때문이며, 일을 함으로써 그러한 불만은 감쪽같이 사라질 것이다. 일 자체가 즐거움이요 보람이요 행복이니까.

깊은 산골에 아버지와 게으름뱅이 아들이 살고 있었다.

추운 겨울 날, 배부르게 저녁을 먹고 난 아들이 아버지에게 물었다.

"아버지, 이 세상에서 가장 쉬운 일이 뭐예요?"

아버지가 대답했다.

"사람들이 그러는데, 누워서 떡먹기라고 하더라."

이 말을 들은 아들은 다음 날 떡을 갖다 놓고 아버지가 말한 대로 누워서 먹었다. 그러나 누워서 떡먹기는 그렇게 쉽지 않았고, 앉아서 먹는 것만도 못하였다.

그러자 아들은 아버지에게 다시 물었다.

"아버지, 누워서 떡먹기보다 더 쉬운 일이 없을까요?"

아버지가 한참을 생각한 후에 대답해 주었다.

"아마도 누워서 자는 것일 게다."

이 말을 들은 아들은 낮이나 밤이나 누워 지냈다. 편하기는 했지만 도대체 즐겁지가 않았고, 열흘쯤 지나니까 지루하고 따분해서 도저히 견딜 수가 없었다.

그래서 아들은 또 아버지에게 물었다.

"아버지, 누워있는 것보다 좀더 재미있는 일이 없을까요?"

이 물음에 아버지는 아들에게 타이르듯이 말했다.

"그럼, 나를 한번만 따라와 보아라."

일하는 것은 고사하고 움직이기조차도 싫어하는 아들이 그 말을 듣고 쉽게 따라 나설 리는 없었다. 그러나 워낙 따분하고 지루하였던 터라 아들은 혹시나 하는 생각에 아버지를 따라 나섰다.

아버지는 산으로 올라가면서 먼저 더덕을 캐기 시작했다. 땅속에서 더덕을 캐내는 아버지를 바라보고 있던 아들은 신기한 듯 자신도 더덕을 캐기 시작했다. 이윽고 아들은 팔뚝만한 더덕을 하나 캐내고는 싱글벙글 웃으며 즐거워했다.

한참 동안 더덕을 캔 아버지는 토끼 올가미를 놓았던 장소에 가보았다. 토끼가 올가미에 걸려 있었다. 올가미에 걸린 토끼를 본 아들은 즐거운 듯 껑충껑충 뛰었다. 아들은 아버지로부터 토끼 올가미 놓는 법을 배워 올가미를 다시 놓고 내려왔다.

산을 내려오다가 아버지는 냇가에 가서 개구리를 잡기 시작했다. 돌을 들출 때마다 큼직한 개구리들이 엉금엉금 기어나왔다. 아들은 정신이 팔린 채 그 개구리들을 자루에 담느라 정신이 없었다. 정신없이 개구리를 잡은 아들은 점심을 먹기 위해서 집으로 내려왔다.

점심을 먹고 난 아버지가 집을 나서면서 아들에게 말했다.

"너는 집에서 잠이나 자고 있어라."

그러자 아들은 아버지를 가로막으며 말했다.

"아버지는 나빠요. 그렇게 재미있는 일을 아버지 혼자서만 하려고 하니까요. 저도 따라갈래요."하면서 아버지보다 앞서 집을 나섰다.

몸이 편하면 얻는 것은 그만큼 적어지고, 얻는 것이 적으면 보람과 만족도 그만큼 적어지며, 보람과 만족이 없으면 행복도 그만큼 느낄 수 없다. 하지만 몸을 움직여 일을 하면 얻는 것은 그만큼 많아지고, 얻는 것이 많으면 그것에 보람과 만족을 느낄 수 있으며, 보람과 만족이 있으면 행복은 저절로 굴러 들어온다. 여기서 우리는 우리가 그토록 바라는 '행복'이 몸을 움직여 일하는 것으로부터 나온다는 것을 깨달을 수 있다.

일은 우리의 삶에 있어서 약방의 감초와 같은 것으로서 모든 만족과 행복의 근원이 된다. 힘은 좀 들어도 끊임없이 일을 만들고, 그 일을 해결해 나가는 과정에서 성취감도 느껴보고 때로는 좌절감에 젖어보기도 하는 것이 의미있는 삶이고 행복한 삶인 것이다. 따라서 우리는 현재에 안주하기보다는 어떤 일이든 찾아내서 늘 새롭고 신선한 삶을 살기 위해서 노력해야 한다.

감동과 흐뭇한 미소를 지을수 있는 행복한 말

일하는 것이 인생이다.
일하는 사람의 마음에서는 힘이 솟아 나온다.
또한 일하는 사람의 마음에서는
생활력이 솟아 나온다. <칼라일>

이기주의와 생존의 경쟁은
구분할 줄 알아야 한다

• • •

타인을 배제하지 않으면 자신이 먼저 희생되어야 하는 생존의 경쟁은 그 어떤 경쟁보다도 치열하다. 총부리를 겨누는 싸움은 휴전도 평화도 있지만, 생사를 눈앞에 두고 벌이는 싸움은 생존이 계속되는 한 멈추지 않는다.

교양 한국사를 맡은 대학 강사가 있었다. 그는 첫 강의가 있던 날 한 학기 동안의 강의 계획에 대해 말해 주었다.

"저의 강의는 주로 '한국사 연구입문'에 의거해서 하고, 시험 문제도 그 책을 중심으로 해서 내겠습니다. 그런데 그 책은 이미 절판되어 서점에서는 구할 수 없으니 도서관에 가서 서로 빌려 보시기 바랍니다."

이 말을 들은 학생들은 술렁이기 시작했고, 강의 시간이 끝나기도 전에 한 명씩 빠져나갔다. 다른 학생들도 그 책이 대출되지 않기를 기대하면서 강의 끝나기만을 손꼽아 기다렸다.

강의가 끝나자 많은 학생들이 총총 걸음으로 도서관으로 향했다. 도서관에 도착한 학생들은 자신이 먼저 대출받기 위해 앞다투어 대출 신청을 했다. 그러나 그 책은 이미 대출되고 없었다. 대출된 책이 반납되던 날 학생들이 다시 대출 신청을 해 보았지만 대출된 책은 반납되지 않았고, 그 책은 시험이 끝날 때까지 반납되지 않았다. 눈치 빠른 학생들은 타 대학의 도서관에서 빌려다 보았으나 어느 누구도 책을 돌려서 보는 일은 없었다.

강사가 말했던 책을 빌려보지 못한 수많은 학생들은 몇몇 학생들의 이기적인 행동에 의해 한 학기 동안 시험 공포에 떨어야 했다.

생존의 경쟁은 이렇게 치열한 것이다. 다른 학생들이야 불안에 떨든 말든 자신만 높은 점수를 받으려고 하는 몇몇 학생들의 행동처럼 생존의 경쟁은 치열하다 못해 비열하기까지 한 것이다. 그렇기 때문에 생존의 경쟁 속에서 이성적인 행동을 기대한다는 것은 있을 수 없는 일이다. 자신이 존재하기 위한 조건이 상대방이 존재하지 않아야 하는 것이라면 그 경쟁에서 이기기 위해 하는 모든 행동은 본능에 가까운 행위이기 때문이다.

이기주의와 생존의 경쟁은 구분할 줄 알아야 한다. 이기주의는 생존과는 상관없이 남보다 더 잘살고 더 앞서기 위한 이기적인 행위지만, 생존의 경쟁은 타인을 배제시키지 않으면 자신이 배제될 수밖에 없는 상황에서 그것을 극복해 내려는 본능의 행위이다. 따라서 우리는 이기주의는 철저히 배척하되 생존의 경쟁에 대해서는 숨통을 터 주는 미덕을 발휘할 줄 알아야 한다. 생존의 경쟁관계에 있는 사람에게 무조건 양보를 하라거나 희생을 하라거나 하는 것은 목숨을 내 놓으라는 말이나 다름없는 엄청난 실언이다.

감동과 흐뭇한 미소를 지을수 있는 행복한 말

떠밀고 떠밀리면서 살지 않는 사람은 없다.
어디를 가든지 사람은 공격을 주고 받으며
팔꿈치로 세상을 헤치고 나가야 한다. <T. 칼라일>

성공의 의미를
새롭게 정의하라

• • •

돈을 위해 삶을 희생시키지 말고 삶을 위해 돈을 희생시켜야 한다.
돈은 우리 삶을 유지시켜 주는 수단일 뿐 목적이 아니다. 돈(수단)을
너무 중요시한 나머지 온 인생을 돈 벌기에만 바치는 것은 수단(돈)에
의해서 목적(삶)이 희생되는 기막힌 결과를 가져온다.

어느 고등학교에서 경치가 빼어난 계곡으로 가을 소풍을 가
게 되었다. 기암괴석과 맑은 물, 온 산을 울긋불긋하게 물들여
놓은 단풍은 천하의 일품이었다. 늘 학교에서만 갇혀 지냈던
학생들은 자신들의 세계를 만나기라도 한 듯 마음껏 놀았다.
점심 때가 되어서는 집에서 어머니들이 정성껏 마련해 준 도시
락과 과일, 음료수 등 푸짐한 먹거리로 배를 채웠다.

점심식사 후 학급별 오락시간까지 마친 학생들에게 보물 찾
는 시간이 되었다. 그때 선생님이 말했다.

"여러분, 이 주위에 보물을 숨겨 놓았습니다. 보물을 찾아오

면 상품으로 노트 한 권씩 주겠습니다.”

이 말이 떨어지기가 무섭게 학생들은 보물을 찾기 위해서 우르르 몰려갔다. 남보다 한 장의 보물이라도 더 찾기 위해서 보물을 숨겨두었을 만한 곳을 기웃거렸다.

모든 학생들이 30여분 동안 찾아 헤맸지만 보물은 하나도 발견되지 않았다. 실망한 표정을 지으며 여기저기 기웃거리고 있을 때 선생님의 모이라는 호루라기 소리가 들렸다. 호루라기 소리를 듣고 모인 학생들에게 선생님이 물었다.

“자, 보물을 찾은 학생이 있으면 나와 보세요.”

그러나 보물을 찾은 학생은 한명도 없었다. 선생님은 학생들에게 다시 물었다.

“그럼 아름다운 경치를 감상해본 학생이 있으면 나와 보세요.”

역시 학생들은 묵묵부답이었다.

그러자 선생님들은 학생들에게 훈계를 하기 시작했다.

“나는 보물을 숨겨 놓은 적이 없습니다. 고운 단풍과 기암괴석이 어우러진 이 아름다운 경치가 바로 보물인데 굳이 보물을 숨겨 놓을 필요가 있겠습니까? 우리는 보잘것없는 물질들에 구속이 되어 중요한 보물들을 잊은 채 살아가고 있습니다. 1년에 단 두 번 오는 소풍인데 진정한 보물은 버려 두고 공책이나 몇 권 받아가기 위해서 설쳐댄다면 이 얼마나 추한 모습입니까? 자, 다시 가서 자연의 보물을 마음껏 담아 가지고 오기 바랍니다."

◇◆◇

우리들의 모습도 보물에 눈이 어두워 그것만 찾으려는 학생들과 다를 것이 없다. 악착같이 벌어서 창고에 남보다 더 많이 쌓아 놓기만 하면 그것이 성공이고 행복이라는 악습에 젖어 사는 것이 우리의 봄 모습인 것이다. 그래서 우리는 우리들이 살아가는 데 진정으로 필요한 사랑, 정, 행복, 따뜻한 마음씨, 건강, 우정 등을 물질적인 것의 뒷전으로 밀어 놓는다. 막상 이런 것들이 없어지면 하루도 살지 못하면서 오로지 물질적인 것들에만 집착하고 매달린다.

우리가 세상에 태어난 것은 돈 버는 기계가 되기 위해서가 아니라 살기 위해서이다. 단 한 시간이라도 의미있는 삶을 살기 위해서 우리는 태어난 것이다. 돈이 없으면 삶을 유지시킬 수 없는 것은 두말할 필요도 없지만, 돈은 어디까지나 수단에 불과하다는 것과 그것이 지나치면 삶을 희생시키는 결과를 가져온다는 것을 깨달아야 한다.

수단이 아무리 중요해도 목적(삶)까지 배제시킬 수는 없다. 삶이 고달파지고 회의가 느껴지는 것은 바로 수단(돈)에 의해 목적(삶)이 희생되기 때문이다. 돈을 삶의 수단으로 생각하는 것은 매우 바람직한 일이다. 돈을 삶의 수단으로 생각하게 되면 자신에게 필요한 만큼의 돈만을 벌게 되지만, 돈을 삶의 목적으로 생각하게 되면 온 인생을 돈벌기에만 바쳐 버린다.

돈으로부터 해방되기 위해서는 물질적인 것에 의해서 빈부(貧富)를 따지고, 성패(成敗)를 따지는 그릇된 고정관념부터 버려야 한다. 좋은 집, 좋은 자가용, 좋은 학벌이 곧바로 성공이고 행복이라는 그릇된 고정관념을 버려야 돈으로부터 해방될 수 있는 것이다.

감동과 흐뭇한 미소를 지을 수 있는 행복한 말

돈에 대한 알맞은 탐닉은
삶에 가치를 더하지만,
너무 지나치게 탐닉하면
삶을 비참하게 만들어 놓는다. <C. 데이>

인간에게는 경탄할만한
잠재력을 가지고 있다

● ● ●

인간은 환경적(사회적) 존재이기 때문에 어떠한 상황에 직면하더라도
슬기롭게 극복해 나간다. 따라서 한번도 장사를 해보지 않은 부잣집
공주도 집에 쌀 한 톨 없어 막상 끼니를 굶게 될 형편이 되면 광주리
를 이고 나가 장사를 한다.

사귀던 남자의 눈빛만 보아도 무슨 생각을 하고 있는지 다
알고 있다고 장담하던 여자가 2년 동안의 사귐 끝에 결혼을 하
였다. 신혼 여행지에서 맞는 첫날밤, 막 잠이 들어 정신없이 자
고 있는데 어디선가 요란한 소리가 났다. 잠잘 때 옆사람이 뒤
척이기만 해도 잠을 이루지 못할 정도로 민감한 그녀는 깜짝
놀라 잠에서 깼다. 아뿔싸! 옆에서 자고 있는 신랑이 코를 골면
서 곤히 자고 있는 것이 아닌가. 눈앞에 캄캄해진 그녀는 신랑
의 코고는 소리에 밤새 한숨도 자지 못했다.

다음날 저녁, 신랑은 절대 코를 골지 않겠다고 장담을 하고서

잠자리에 들었다. 그러나 잠자리에 든 신랑은 5분도 안 되어서 또다시 요란한 소리를 내면서 코를 골기 시작했다. 신경질이 난 그녀는 코를 막아보기도 하고 베개를 높여보기도 했지만 아무 소용이 없었다. 결국 그날도 밤새 눈을 붙여보지 못했다.

3박 4일 동안의 신혼여행을 뜬 눈으로 보낸 그녀는 반죽음이 되어서 집으로 돌아왔다. 집안 사람들이 걱정을 했지만 뾰족한 방법이 없었다. 그렇다고 신랑과 각방을 쓸 수도 없는 노릇이다. 그녀는 매일밤을 신랑의 코와 전쟁을 치르면서 생활했다.

이렇게 고생한 지 한 달이 되었을 때, 부인은 남편의 코고는 소리에도 불구하고 조금씩 잠을 자기 시작했다. 한 달 반이 지나면서부터는 남편의 코고는 소리에도 아랑곳하지 않고 잘 잤다.

남편의 코고는 소리에 익숙해진 지 몇 달 후 남편이 자다가 코를 골지 않았다. 그러자 그녀는 잠에서 깨어나 웬일인지 살펴보았다. 조금 후 남편이 다시 코를 드르렁드르렁 골자 안심하고 잠자리에 들었다. 코를 골면 잠을 자지 못하던 그녀가 이제는 코를 골지 않으면 잠을 깰 정도로 익숙해진 것이다.

◇ ◆ ◇

우리 모두에게는 어떠한 상황도 극복해 낼 수 있는 놀라운 잠재력이 숨어있다. 따라서 스스로 좌절하지 않는 한 자신을 어떠한 환경으로부터도 떳떳이 세울 수 있다. 아무런 불편없이 편하게 살 때는 도저히, 아니 총을 들이댄다고 해도 못할 일이라고 고개를 설레설레 흔들었던 일도 그 상황이 닥치면 자신도 놀랄만큼 무리없이 극복해 낸다. 또 "저런 애가 어떻게 군대 생활을 하지?"하면서 비웃음을 당하던 남자도 막상 군대에 가면 무사히 군생활을 마치고 나온다. 이것이 바로 인간에게는 어떠한 상황에 직면하더라도 극복해 낼 수 있는 놀라운 잠재력이 숨어있다는 증거이다.

감동과 흐뭇한 미소를 지을수 있는 행복한 말

하늘이 무너져도
솟아날 구멍이 있다. <한국 속담>

생활의 안정을 이루는 데는
정신적인 안정이 매우 중요하다

● ● ● ●

인간이 도달할 수 있는 최고의 경지는 마음 편한 것이며, 처지와는
상관없이 마음이 편해야 불만없이 살아간다. 그렇기 때문에 쇠고깃
국보다 마음 편한 나물국을 택하고, 속끓는 호화궁전보다 마음 편한
초가집을 택하며, 속끓는 부자보다 마음 편한 가난을 택하는 것이다.

가난한 농부의 아들이 있었다. 그의 집은 농토가 별로 없었기
때문에 남의 품이나 팔면서 살아가야 했다. 그런 삶에 희망을
걸 수 없다는 것을 깨달은 그는 어느 날 부모님께 비장한 결심
을 털어 놓았다.

"아버님 어머님, 제가 서울로 가서 성공한 다음에 모시러 오
겠습니다. 그동안 제 걱정은 하지 마시고 두 분 부디 몸 건강하
십시오."

그는 다음날 집을 떠나 서울로 갔다.

맨주먹으로 서울로 올라온 그는 좋은일 궂은일 가리지 않고

일을 해서 돈을 벌었다. 이렇게 열심히 일한 결과 그는 서울에 온지 10년 만에 아파트도 사고 결혼도 하고 남부럽지 않게 살게 되었다. 그러자 그는 자신이 고향을 떠날 때 부모님께 드렸던 약속을 지키기 위해 부모님을 서울로 모시고 올라왔다.

시골에서 불편한 가운데 살았던 부모님은 현대식으로 꾸며진 아들 집에서 아무런 불편없이 생활했다. 하지만 그것도 잠시 뿐, 서울에 올라온 지 며칠이 지나자 몸살이 나기 시작했다. 바람을 쏘이러 나가도 빽빽한 아파트뿐이고, 담소를 나누고 싶어도 상대가 없어서 무료하기 그지 없었다. 새장에 갇힌 새처럼 하루 종일 집안에 갇혀서 며느리가 해 주는 밥만 편안히 먹고 지내는 것이 시골에서 마음껏 행동하며 살았던 부모에게는 생지옥이나 다름없었다.

참다 못한 아버지가 아들을 불러 놓고 조용히 말을 건넸다.

"아들아, 너의 효성이 지극한 것은 알고 있다. 하지만 우리는 평생을 시골에서 마음껏 행동하며 살아왔기 때문에 도시 생활이 너무나 따분하고 무료해서 견딜 수가 없구나. 여기서 호강받으며 불편하게 사는 것보다 시골에 내려가서 마음 편하게 사는 것이 낫겠다. 우리는 시골로 내려가서 마음 편하게 살다가 그곳에서 죽을 테니, 우리 걱정은 하지 말고 너희들이나 행복하게 잘 살아라."

◇◆◇

마음이 편하지 않으면 하루도 견디지 못하고 뛰쳐 나오는 것이 인간의 마음이다. 물질적인 불만족에 대해서는 능히 견뎌내면서 마음의 불편함에 대해서는 견뎌내지 못하는 것이다.

생활의 안정을 이루는 데는 물질적인 뒷받침도 중요하지만 정신적인 안정도 매우 중요하다. 정신적인 안정이 이루어지지 않으면 삶의 근본이 흔들리고 물질적인 것과는 관계없이 파탄에 이르고 만다. 이는 가난한 가정에서도 가정파탄이 일어나지만 부유한 가정에서도 그에 못지 않게 가정파탄이 일어나고 있다는 현실이 증명해 준다.

모든 인간관계에서 일어나는 마찰도 마음이 불편한 데서 시작된다. 마음이 불편할 때 그것을 해소하기 위해서 부부가 인연을 끊는 고통도, 사랑하는 사람과 이별하는 고통도 감수해내는 것이다. 악연(惡緣)이란 바로 마음의 안정을 가져다 주지 못하는 인간관계를 뜻하며, 악연을 끊으려고 하는 것은 마음의 안정을 찾고 싶은 강한 욕구에서 비롯된다.

감동과 흐뭇한 미소를 지을 수 있는 행복한 말

마음이 편안하면 초가집도 안온하고,
성정이 안정되면 나물국도 향기롭다. <명심보감>

진정한 사랑은
마음으로 나누는 사랑이다

● ● ●

좋은 집에서 호화찬란한 세간을 들여놓고 화려하게 살고픈 생각은
누구나가 가지고 있는 욕심이다. 그러나 그러한 욕심을 신성해야 할
결혼을 미끼로 하여 성취하려는 것은 어처구니없는 실수가 아닐 수
없고, 결혼의 신성함을 무자비하게 짓밟는 것이다.

대학교 때 미팅으로 만나서 그동안 사귀어 오던 남녀가 있었
다. 그들의 사랑은 대학교를 졸업하면서부터 하루라도 보지 않
으면 견디지 못할 정도로 진전되었다. 이러한 관계는 그들의
결혼을 당연시하도록 이끌어갔고, 결국은 약혼과 함께 결혼 날
짜까지 잡았다.

그런데 결혼 날짜를 잡고 난 후부터 혼수문제로 말썽이 생
기기 시작하였다. 여자쪽에서는 기본적인 혼수만 해서 시집가
려고 마음먹고 있었지만, 남자쪽에서는 최소한 아파트 한 채는
사 가지고 와야 한다는 것이었다.

일이 이렇게 되자, 여자는 남자를 설득하기 시작했다.

"자기야, 우리집 형편이 어려워서 아파트는 사 갈 수 없어. 결혼하고 열심히 돈 벌어서 우리 힘으로 아파트를 마련하자. 응?"

그 말을 들은 남자는 퉁명스런 어조로 대꾸했다.

"언제 돈 벌어서 아파트를 산 단 말이야. 자기는 아파트도 사오지 못할 형편이면서 나와 결혼할 생각을 했어?"

이 말을 들은 여자는 화가 치밀어 따지기 시작했다.

"자기한테 시집가려면 아파트를 해가야 한다는 기준이 어디 있어. 자기가 그렇게 잘나고 대단한 인물이야?"

그들은 혼수문제로 심하게 말다툼을 벌였고, 그러한 말다툼은 그동안의 정을 모두 없애 버려 끝내 헤어지고 말았다. 하루도 보지 않으면 견디지 못하던 사이가 혼수문제로 해서 이제는 생각조차 하기 싫은 사이로 변해 버렸다.

◇ ◆ ◇

결혼의 목적에 행복 이외의 것이 개입되면 개입될수록 행복과는 멀어진다. 물질이 행복을 가져다 주는 원동력이 되는 것은 사실이지만, 분에 넘친 물질은 오히려 행복을 빼앗아간다.

가장 좋은 혼수품은 '마음'이다. 따뜻하고 아름다운 마음, 영원히 변치 않는 마음이야말로 그 무엇으로도 따질 수 없는 가치있는 것이다. 혼수에 눈이 어두워 값싼 결혼을 한 후 얼마 되지 않아 이혼을 하니 안하니, 또 별거를 하니 안하니 하면서 말썽을 부린다면 모든 것을 떠나서 가장 불행한 일이다.

감동과 흐뭇한 미소를 지을수 있는 행복한 말

혼인하고 장가드는데
재물을 논하는 것은
오랑캐의 일이니라. <명심보감>